中国农村土地现实问题研究丛书

房地产业中的土地规制

Land Regulations of Real Estate Industry

余炳文◎著

经济管理出版社
ECONOMY & MANAGEMENT PUBLISHING HOUSE

图书在版编目（CIP）数据

房地产业中的土地规制/余炳文著. —北京：经济管理出版社，2016.8
ISBN 978-7-5096-4523-9

Ⅰ.①房… Ⅱ.①余… Ⅲ.①房地产业—土地管理—研究—中国 Ⅳ.①F321.1

中国版本图书馆 CIP 数据核字（2016）第 187825 号

组稿编辑：王光艳
责任编辑：许　兵
责任印制：黄章平
责任校对：王淑卿

出版发行：经济管理出版社
（北京市海淀区北蜂窝 8 号中雅大厦 A 座 11 层　100038）
网　　址：www.E-mp.com.cn
电　　话：（010）51915602
印　　刷：北京玺诚印务有限公司
经　　销：新华书店
开　　本：720mm×1000mm/16
印　　张：14.25
字　　数：211 千字
版　　次：2018 年 1 月第 1 版　　2018 年 1 月第 1 次印刷
书　　号：ISBN 978-7-5096-4523-9
定　　价：68.00 元

前　言

当前房地产业是饱受社会诟病的行业之一，一方面，房地产业已经成为我国国民经济的支柱产业，它在推动经济增长、增加财政收入、扩大社会就业方面发挥着越来越重要的作用；另一方面，飞涨的住房价格已经脱离了人们的实际购买力，一套商品住房会花费普通居民一代甚至几代人的积蓄，家庭的收入很大一部分用于住房消费，导致居民在其他方面的消费受到了限制。同时在我国的住房消费结构中，中高档商品住房供给较多，低档住房包括廉租房、公租房和经济适用房的供给过少，这种住房结构使大多数居民被迫选择中高档住房，而较低档次的住房却难以满足实际需求，造成供需不平衡，这些问题的产生与房地产的规制政策不无关系。

从房地产制度变迁的角度来看，我国住房制度变迁经历了取消福利性分房、实施住房市场化的过程，大致可以分为以下两个阶段：第一阶段是1998~2003年，在住房分配货币化改革、积极财政政策等一系列政策措施的激励下，居民住房得到极大的缓解，同时将房地产业作为推动经济增长的支柱产业。第二阶段是2004~2012年，房地产市场投资一直处于过热状态，投机投资需求迅速膨胀，并在一系列的宏观政策干预下，房地产市场陷入了“过热—调控—上涨—再调控”的循环。1998年国务院发布《关于进一步深化城镇住房制度改革　加快住房建设的通知》，该文明确提出停止住房实物分配，逐步实行住房分配的货币化，建立和完善以经济适用房为主的多层次城镇住房供应体系，对不同收入家庭实行不同的住房供应政策，最低收入家庭由政府或者单位提供廉租住房，中低收入家庭购买经济适用住房，其他收入家庭购买、租赁市场价格的商品住房。这种带有统领性的文件在执行过程中出现了偏差，住房分配的市场化已经建立起来，但多层次的城镇住房供应体系、针对不同家庭实施的不同住房供应数量却与现实需求有一定的差距，这种差距的产生与后来实施的规制政策不无关系，其中土地规制政策是重要影响因素之一。

土地是房地产存在的物质基础和前提，其位置的固定性决定了房地产业只能是区域性的行业，房地产市场只能是区域性的市场，土地的自然垄断特性和位置的固定性决定了土地资源不能像其他资源一样可以自由流动，对土地的利用只能体现在产权的限定和规划的限制上。同时，土地的需求是一种引致性的需求，对房地产而言就是因为对土地上房屋的需求而导致了对土地的需求，对房地产需求的上升必然导致对土地需求的增加，两者之间具有同方向变动的性质。土地的供给缺乏弹性，自然存量的固定性和土地利用的限制性决定了可利用的建设用地不可能无限增加，这些导致了土地的供给会影响到房地产的供给，土地的价格会影响到房地产的价格，土地的用途会影响后续房地产产品的供给结构，土地的出让及转让方式会影响房地产企业的竞争程度和市场地位等。因此研究土地规制政策对房地产业显得十分有意义。

基于此，本书正是从土地规制的视角探讨房地产业出现的问题，特别是对房地产价格过高、房地产产品结构不合理和房地产市场势力产生的原因进行了剖析，阐释了房地产行业中为什么会产生这些问题，分析不同市场主体在土地利用中的不同利益诉求及博弈关系，并在借鉴香港地区土地规制的基础上提出解决上述问题的政策建议。

本书的基本思路：首先，分析我国房地产业中存在的问题，引出土地是导致这些问题的关键因素之一，进而讨论与土地规制相关的理论基础和传导路径，并探讨土地规制与房地产业的相互关系。其次，分析在实施土地规制过程中，政府、开发企业等市场主体之间的博弈关系，并以土地的垄断供给为研究基础，围绕房地产价格、产品结构和产业市场结构进行论述。一是以土地出让规制为对象进行研究，分析土地规制的影响机理并实证分析影响的效果；二是从土地规制与联动因素进行比较的角度，探讨土地规制与联动因素共同对房地产价格、产品结构、市场结构的影响机理，并采用实证分析方法进行检验。最后，借鉴香港地区的成功经验，提出要解决我国房地产价格过高、产品结构不合理等问题，需要从土地规制方面实施措施。研究遵循“发现问题—分析问题—解决问题”的逻辑。本书主要由以下四部分组成：

第一部分对相关的理论进行了梳理综述，就我国土地规制与房地产业关系、土地规制体系、传导路径进行了阐述。认为政府对土地进行规制是基于土地的自然垄断、外部性和公共物品等特征。与规制相关的基础理论主要有市场失灵学说、公共利益理论、俘虏理论。规制的目的在于纠正土地供给和利用过程中出现的问题，而这些问题是导致房地产价格过高、产品结构不合理和市场失灵的主要原因。同时也分析了土地规制与房地产业的关系，认为土地规制对房地产业的发展产生了重要影响，而房地产业对土地规制也有现实的应对措施。还将我国土地规制分为基本制度层级、法律层级和具体规制层级三个层面，阐述了土地规制的原因、目标、手段、内容和传导路径。

第二部分是土地市场中主体之间的博弈关系分析。中央政府、地方政府、开发企业和土地实际占用者四方围绕土地供求进行了利益博弈。其中地方政府处于博弈的中心地位，属于博弈的强势方：首先，因为中央政府对地方政府的监督成本过高，导致效率低下。其次，地方政府和开发企业容易结成合谋，利用剩余索取权获得土地实际占用者和购房者的剩余。最后，地方政府也能依靠对土地的完全垄断获得高额收益，同时也推高了房地产的价格，形成了行业进入壁垒，提高了市场的集中度，这种土地的垄断供给和住宅的寡头垄断供给方式，扭曲了房地产市场的供求关系。

第三部分是土地规制对房地产业影响机理的研究和实证分析。本书从两个角度进行分析：一是单一土地规制的视角，以土地出让规制为研究对象，分析土地由协议出让方式改为市场竞价方式时，对房地产价格、产品结构和产业市场结构的影响；二是土地规制与联动因素比较的视角，采用比较研究的方法，分析土地规制与联动因素对房地产价格、产品结构和产业市场结构的影响差异。研究发现，无论是单一规制研究还是包括土地规制与联动因素的比较研究，土地规制对房地产价格、产品结构和产业市场结构都产生了影响，但作用的对象和强度具有明显差异，因此对房地产业这三个方面进行调控，还需要形成多因素联动的政策体系。

第四部分是香港地区经验借鉴和政策建议。对香港地区房地产业的研究发现，土地规制发挥了重要作用。香港地区的土地规制与内地存在相似性，如土地产权的公有制、土地使用年限的限制等，但其实施的土地“二元”供给规制却成功地解决了房地产价格、产品结构和企业发展问题。就土地规制而言，要解决内地房地产业中的价格、产品结构和市场结构问题，香港地区实施的土地供给“二元”制的经验值得内地借鉴。最后对全书进行了总结并对未来提出了展望。

目 录

第一章 导论

第一节 选题背景及问题的提出

一、选题背景

房地产业是我国国民经济和社会发展的重要产业，房地产业的发展对推动国民经济增长、扩大就业、增加财政收入以及提高人们生活水平发挥着重要的作用。改革开放以前，房地产业并没有发挥其应有的作用，房地产业的投资占 GDP 的比重没有超过 2%，改革开放以后其所占的比重明显上升，到 2000 年已经占到 GDP 的 8.1%[①]。从 1998 年到 2013 年的房地产业的投资占全社会固定资产总额比重也可以反映出社会固定资产投资结构的合理性，其占比从 1999 年的 13.74%增长到了 2013 年的 19.24%；从住宅商品房销售收入占 GDP 的比重来看，从 2000 年的 3.25%增长到 2013 年的 11.9%，2007 年甚至达到 30.28%，而房地产投资增长率高于固定资产投资增长率，且与 GDP 的曲线具有相似性（见图 1-1 和图 1-2）：2002 年

① 杨慎．房地产与国民经济［M］．北京：中国建筑工业出版社，2002：185-188.

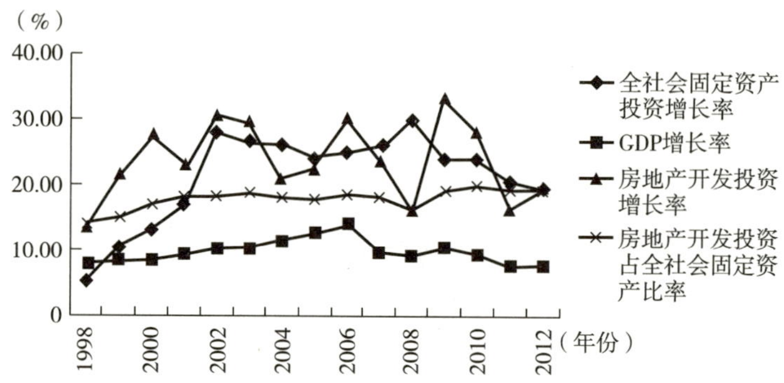

图 1-1　1998~2013 年房地产投资、全社会固定资产投资及 GDP 比较

资料来源：根据国家统计局资料整理。

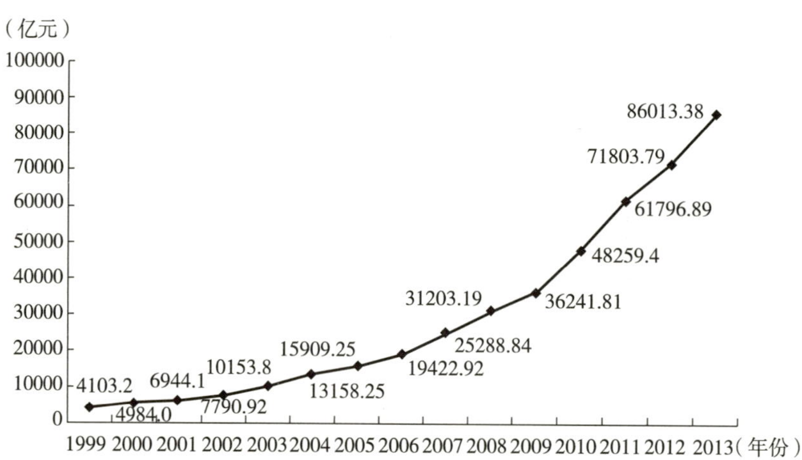

图 1-2　1999~2013 年房地产开发投资量

资料来源：根据国家统计局资料整理。

和 2005 年房地产投资增长率下降，GDP 的增速也出现了下降，其他年份房地产投资增长率出现了上涨，GDP 的增长率也出现了上涨。在房地产投资中，普通住宅商品房的投资一直占有较大的比重。中经网统计数据库查询与辅助决策系统资料显示，普通住宅商品房投资占房地产投资的比重由 1997 年的 43.73%增加到 2013 年的 68.54%，2006~2011 年均超过了 70%，投资额相当于办公楼、商业和其他房地产投资的近两倍，2008 年、2009 年及 2011 年均超过了两倍，住宅房地产业已经成为房地产业最重要的组成部分。

同时，房地产业与其他产业关联度高。叶檀认为①，房地产业与 50 多个产业有关联，可以带动这些产业的发展，具有明显的前瞻性、扩散性和带动性。据统计，房地产业每投入 100 元可以创造 170～220 元的消费需求，住宅商品房市场每实现 100 元销售可以带动 130～150 元的其他商品销售，住宅建设增加 10%，可以带动 1%的 GDP 增长，房地产业每吸纳 100 人就业，就可以带动其他行业 200 人就业。可以说，房地产业无论在投资、就业还是经济增长方面，都成为我国经济发展的重要组成部分。

在房地产业快速发展的同时，房地产价格出现了大幅度的上涨。2013 年全国城镇非私营单位在岗职工年平均工资为 52379 元，与 2012 年的 47593 元相比，净增加 4786 元，增长率为 10%。2013 年全国住宅平均销售价格为每平方米 5850 元，与 2012 年的 5430 元相比，净增加 420 元，增长率为 7.7%，住宅价格增长的速度稍慢于工资收入增长速度。但从绝对的价格水平看，无论是 2012 年还是 2013 年，居民一个月的工资收入均不够购买 1 平方米的住宅商品房。2012 年按照人均可支配收入由高到低排列依次是东部、中部和西部，分别为 29622 元、20697 元、20600 元，而同期的住宅平均销售价格分别为每平方米 8155 元、2898 元和 2821 元，也可以得出住宅价格过高的结论。2013 年，全国住宅商品房销售面积 115723 万平方米，销售面积增速为 17.5%，住宅商品房销售额 67695 亿元，销售额增速为 26.6%，增长速度较快。2013 年 12 月，在全国 70 个大中城市房屋销售价格指数（90 平方米及以下）中，新建商品住宅价格指数同比最高上涨 21.9%，最高环比上涨 1.1%，说明住宅价格在进一步上涨。可见，房地产业是我国重要的产业，而房地产价格已经超出了普通居民的支付能力，且房地产价格还有上涨的趋势。

同时，在住房的供给结构中，房地产业中低档住宅供给较少，导致大

① 叶檀．明年房地产市场将是不温不火［EB/OL］．每日经济新闻，2009-12-08，http://finance.qq.com/a/20091208/001563.htm.

量居民被迫选择购置中高档住宅，这样就挤占了其他物品的消费，降低了生活质量。而房地产业的市场寡头垄断结构初步形成，2013 年国务院发展研究中心企业研究所、清华大学房地产研究所和某研究院发布的中国房地产百强企业研究成果显示，中国百强企业销售额十年增长近 16 倍，市场份额提升至 29.6%，销售面积十年复合增长率达 24.6%。全国上半年完成 400 亿元以上销售额的品牌房企数量达到 5 家，而行业四强销售收入占全国销售额的比重已提升至 9.06%，全国 20 强品牌房企在 2012 年销售额合计近 1.03 万亿元，占全国销售额比重接近 16%，行业集中度呈现显著提升，开发企业依靠市场寡头垄断地位，实施掠夺性定价策略，不断侵占消费者剩余，降低社会福利水平。房地产业发生的价格过高、结构不尽合理、产业趋向集中等问题，与土地的政策制定和实施存在着密切的关系，土地规制对房地产业的走势存在着重要的影响，因此，以土地规制为研究对象，研究土地规制和房地产业之间的联动关系，深入地探讨土地各项规制的实施对房地产业的影响显得十分有必要。

二、问题的提出

对房地产业出现的价格过高、产品结构不尽合理等问题，从土地规制角度进行研究，需要厘清土地规制与房地产业关系，土地规制的体系、作用机理等问题。归纳起来，可以用以下几个问题进行概括：

其一，我国房地产业中土地规制的目标、手段和内容是什么？

土地规制的产生是因为土地供给过程中存在自然垄断、外部性和公共物品等问题，在实施土地规制过程中，这些因素不可避免地对房地产业的发展产生影响。为了分析土地规制对房地产业的影响机理，有必要厘清我国土地规制与房地产业的关系，探寻土地规制实施的原因、目标、手段和内容，解析土地规制制定和执行过程中，地方政府、中央政府和开发企业等主体之间的博弈关系，以及由此导致的土地规制执行效果，从土地规制的视角认识房地产业发展过程中遇到的诸多问题。

其二，土地规制如何影响房地产业的价格、产品结构和产业的市场结构？

土地规制的制定和执行，根本目的是理顺市场关系、纠正市场出现的失灵、规范土地市场秩序，约束房地产企业等各方市场主体的行为，当然在此过程中，也会随之对房地产行业的发展产生影响，这里就需要分析土地规制对房地产业的作用机理，特别是土地规制影响到土地供给和使用，进而对房地产价格、产品结构和产业的市场结构产生影响。从土地规制制定和实施的角度研究土地规制对房地产业的影响，有助于厘清土地规制是如何影响房地产业的价格、产品结构和市场结构，进而能够更好地对高房价、不合理的产品结构和产业的市场结构关系进行解释，并提出政策建议。

其三，土地政策的制定和实施如何适应中国的实际情况？采用何种土地规制政策导向才能解决房价过高、住宅产品结构不合理等问题？

土地规制由政府来制定和执行，土地规制的制定和实施需要关注什么问题才能取得较好的效果？如何实施土地规制才能使房地产价格处在合理的范围，并保证政府有合理的财政收入，开发企业能够获得合理的利润，是规制者面对的问题。现阶段高房价使普通居民难以实现住房梦想，许多年轻人的就业取向以及价值标准等都与房地产密切相关，甚至已经被高房价所扭曲。近几年房地产业成为众多投资者的投机对象，导致房价不断上涨，同时，房地产的产品结构也出现了失衡，中高档房供给过多，低档房供给过少，市场寡头垄断导致掠夺性定价等现象发生。因此，有必要从土地规制方面研究实施怎样的规制政策，才能够解决房价过高、房地产产品结构不合理等问题，以逐步解决普通居民住房难的问题。

三、研究意义

经过多年的发展，房地产业已经成为影响我国经济发展的重要产业。房地产业在取得长足发展的同时，出现了房地产价格上涨过快、产品结构失衡等问题，特别是房地产价格已经超出了普通居民的支付能力，成为社会诟病的对象之一。这些问题的产生，与土地的供给和利用不无关系，土地资源的特殊性决定了对房地产业会产生重要的影响。土地资源的特殊性主要体现在：一是土地位置的固定性导致了房地产产品不能像其他产品一样可以进行实物流通，对土地供给和利用的限制实质上也构成了对房地产业的限制；二是土地资源的地方政府垄断供给导致土地价格容易受到土地规制的影响，土地价格的变动也影响到房地产价格的变动；三是土地的公有制虽然产权主体明确，但界定模糊，这使土地在供给和利用过程中会出现地方政府、开发企业等主体行为异化。因此，以土地规制为研究对象，探寻土地供给的完全垄断到房地产业问题之间的内在联系，分析土地规制实施的原因、内容、目标及对房地产业的影响等，可以发现土地规制存在的缺陷，解释房地产价格、产品结构等问题产生的原因，并提出政策建议。

第二节　研究的基本框架及创新之处

一、本书的研究思路和方法

1. 本书的研究思路

我国房地产业中存在诸多的问题与土地供给密切相关，土地的自然禀赋和实施公有制的基本制度导致土地被政府完全垄断，确切地说是被地方政府完全垄断，这一制度安排决定了土地价格的高低完全可以由地方政府控制。同时土地的不可移动性决定了房地产开发建设只能在某一区域内进行，政府实施的土地规制对房地产业的开发建设会产生重要的影响，这一天然的特性决定了土地对房地产业的发展产生决定性的影响。本书的研究主要从房地产业存在的房价过高、产品结构不合理等现实问题出发，探讨房地产业与土地规制之间在价格、产品供给结构和产业市场结构的关系，并从土地规制的角度来解释房地产业出现的问题，并提出相关的政策建议。

本书首先对土地规制的理论基础、规制目标、内容进行分析，探寻土地规制与房地产业之间的关系，同时对中央政府、地方政府、开发企业和土地实际占用者之间的博弈关系进行分析，探寻各个主体的行为方式以及由此导致的结果。

其次以土地出让规制和土地规制与联动因素比较为研究内容，分析土地规制对房地产业的影响机理及效果。从土地出让规制变迁的视角，研究土地出让规制对房地产价格、产品结构和产业市场结构的影响，并运用实证分析方法对 2001~2013 年房地产价格变化、产品结构变化和产业市场结构变化进行实证。同时，采用对比研究的方法，研究土地规制对房地产业影响与联动因素对房地产业影响机理的不同，并实证分析影响程度的差异。

最后对香港地区土地规制及其实施效果进行分析，得出有意义的经验借鉴，并从土地规制角度提出纠正我国房地产价格、产品结构失衡等问题的政策建议。

2. 本书的研究方法

以亚当·斯密为代表的早期西方主流经济学一直以市场为研究对象，研究个体在市场中的表现及市场的功能，价格被认为是市场发挥作用的杠杆，俗称“看不见的手”在起作用。1929~1933 年美国罗斯福总统执政时期经济出现了大萧条，在这一时期，政府对市场的干预政策被广泛接受，以凯恩斯为代表的政府干预学派取得了主导地位，干预政策在实践中也取得了较好的效果，这就是后来所称的“罗斯福新政”。这说明自由市场也存在固有的缺陷，当自身无法调节经济时，就需要“看得见的手”来规制，以弥补其不足。正如王阿忠所言，政府决策行为表现为政府对市场经济的高度介入，它是经济系统的外生变量和既定的体制因素[①]。这也可以从 2008 年金融危机时，美国的投资银行和银行、保险公司陷入了困境，美国政府在雷曼兄弟公司倒闭之后，紧急出台政策挽救 AIG、房地美和房利

① 王阿忠．中国住宅市场的价格博弈与政府规制研究［M］．北京：中国社会科学出版社，2007：27.

美来例证。即使是现在，政府规制仍然是调节经济的重要手段。

本书从产业经济学和规制经济学的角度研究房地产中的土地规制问题。我国的土地市场是一个政府规制政策频发的市场，围绕房地产价格进行政府干预，达到降低房价的目的，保持房地产业和土地市场健康发展是规制政策发布的初衷。本书将根据这一判断，采用多种经济学分析方法，研究土地规制对房地产业的作用机理及实施效果。具体的方法如下：

（1）规范分析方法。规范分析方法强调“应该是什么”的问题，是价值的判断。房地产业政府规制的制定应该符合社会福利的最大化、实现社会稳定和经济增长。更具体的表述则是在什么样的规制下可以更好地解决普通居民的住宅问题，房地产价格在什么范围内符合居民的承受能力，执行怎样的政府规制可以有效防止房地产价格上涨过快等。当政府制定的规制屡次失效时，又应该采取什么类型的规制措施来纠正政府失灵。因此，规范分析是对政府规制基本的判断标准问题，是在逻辑推理和演绎下对土地规制的价值判断。

（2）实证分析方法。实证分析方法与规范研究相对应，是分析经济现象“是什么的”问题①。实证研究是根据观察、调查、案例研究及数据分析等手段对现实现象进行描述，并验证先前做出的某种假设，证实某个理论或者结论的正确性。在本书的研究中，实证研究主要是采取回归分析方法，对房地产价格等指标进行分析，探讨土地规制是否达到了预期效果。现阶段房地产业中的土地规制目标更多的是体现在控制房价的过快上涨，将房地产价格、产品结构与市场竞争状况与规制目标联系起来，运用回归分析方法对数据进行分析，可以对土地规制实施的效果进行综合评价。

（3）其他分析方法。在本书的研究过程中，还会用到其他的一些分析方法。如比较研究方法，将内地房地产业的规制政策与香港地区的土地规制政策进行比较，有助于更好地分析土地规制中存在的缺陷，提出相关的建议。同时，也采用博弈论分析方法，在中央政府、地方政府、开发企业、土地实际占用者之间，引入博弈论模型，分析房地产市场中主体之间

---

① 路继业，杜两省．经济学中实证研究、经验研究的联系与不同［J］．当代财经，2009（6）：13-19.

的博弈关系，可以清晰地探究各方在市场中的行为。

二、研究的主要内容

本书以土地规制为研究对象，分析土地规制对房地产业的影响。本书的内容安排如下：

第一章为导论。对房地产业中的问题进行阐述。提出研究土地规制的必要性，并确定本书总体框架和结构安排。

第二章为国内外文献综述及基础理论。首先对有关的概念进行界定；其次对国内外相关的研究文献进行梳理，综述文献的优点和不足；最后对政府规制的原因、现状以及土地规制的内容进行分析，提出从土地规制的视角解决房地产业中价格、房地产产品结构和市场结构等问题的可行性。

第三章为土地规制与房地产业的基本关系。土地与房地产业密切相关，房地产业中的许多问题可以从土地的角度来分析，而土地的自然特性决定了房地产业的问题归根结底还需要从土地上寻找原因。由于土地是天然存在的一定地域和一定空间组成的不可移动的区域，对土地的管理最后还是从土地法律法规和有关政策上体现，土地规制的制定和实施对房地产业有根本性的影响，因此土地规制对房地产业的作用机理构成了本书研究的基础。

第四章为土地规制现状与传导路径。分析了政府规制及土地规制体系，提出了我国土地规制的层次性，并将土地规制分为基本制度层级、法律层级和具体规制层级。同时对我国土地规制的目标、内容以及实现这些目标的手段进行了阐述，并对土地规制的传导路径进行了分析，中央政府和地方政府在土地规制传导中有各自的职责和范围，体现的作用不完全相同，中央政府的规制最终还需要地方政府来贯彻和实施，其规制政策的传递路径是按照从中央政府到基层政府以行政命令的方式传递的。

第五章为土地规制实施过程中不同主体行为分析。本章对土地实施规制过程中中央政府、地方政府、开发企业和土地实际占用者之间进行的利益关系进行分析，认为地方政府在博弈中占据较多的优势，容易与开发企业合谋，侵占土地实际占用者的利益。而土地实际占用者则处于弱势地位，在土地的征收拆迁过程中，其权利和利益往往会受到侵害。这里基于两个视角进行分析，一是政府管理的视角，旨在提高政府效率和管理水平；二是市场的视角，旨在提高土地收益，获得土地的经济利益。研究发现，地方政府具有“社会人”和“经济人”双重身份。这种角色使地方政府既要谋取自己的经济利益，又要扮演维护市场良好竞争环境的角色。开发企业则是另一个利益集团，和地方政府在经济利益上趋于一致，容易达成合谋共同侵占购房者的利益。

第六章为土地出让规制对房地产业的影响。采用博弈论、市场供求理论和成本费用理论分析土地出让规制对房地产价格、产品结构和产业市场结构的影响机理，并对土地出让规制进行实证研究，得出土地出让规制对房地产价格、产品结构和产业市场结构存在一定的影响，但作用有限。

第七章为土地规制与联动因素的影响比较。这里将土地规制对房地产业的影响与联动因素对房地产业的影响进行比较，研究土地规制与联动因素对房地产价格、产品结构和产业市场结构的影响机理，并从实证的角度研究得出它们的影响效果存在差异。说明政府应该采取多项政策共同作用，才能对房地产价格、产品结构、产业市场结构的调控起到预期的作用。

第八章为香港地区土地规制的经验借鉴及政策建议。认为香港地区在高地价、高房价的基础上保持了经济发展，又成功解决了普通居民的住宅问题，根本原因在于土地规制的“二元”供给模式。这种模式保证了房地产价格和产品结构的有序变化，由于市场的竞争机制，导致企业集中度提高，反而更能促进房地产业的发展。在综合分析的基础上，提出解决我国普通居民住宅问题的根本途径是实施土地供给规制的双准入制和“二元”供给模式。即保障房土地应按期、按计划、足额供给，而商品房用地则采取鼓励市场竞价的模式。

第九章为主要结论及展望。提出了对土地规制的改进措施并对未来做出了展望。

本书的研究技术路线图见图 1-3。

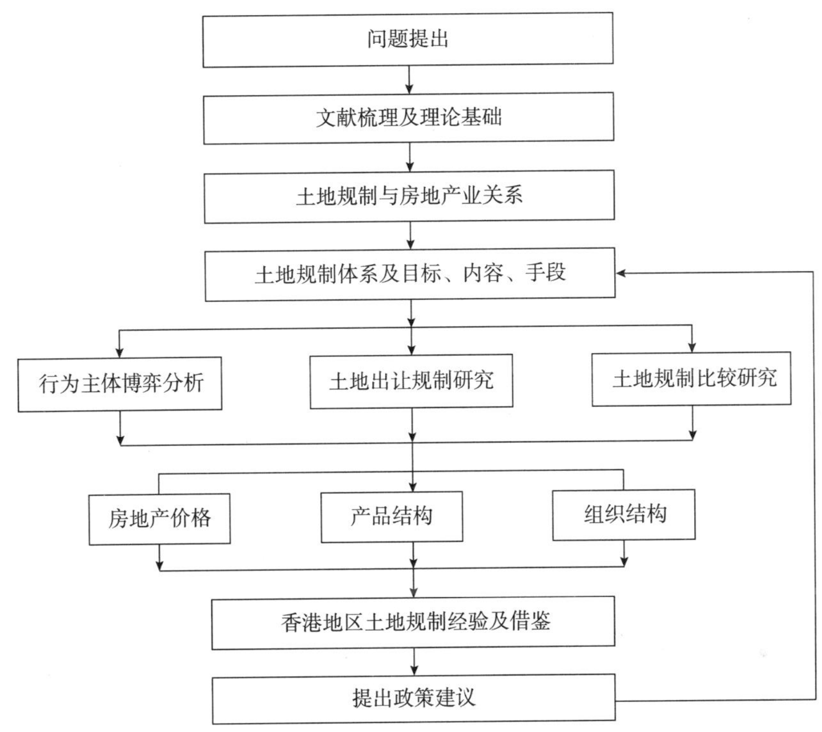

图 1-3 研究技术路线图

三、创新及不足之处

1. 本书的创新之处

本书的创新之处主要体现在以下几个方面：

一是本书提出了将土地规制进行层级划分的设想，即将土地规制分为基本制度层级、法律层级与具体规制层级。其中，基本制度层级是最高层级，决定第二、第三层级规制的实施性质、方式和内容，第二、第三层级属于政府管理层级，第二层级高于第三层级，第三层级规制的制定和实施不得违反第二层级规制，本书的研究集中在第二层级和第三层级。

二是在我国的土地规制中，中央政府与地方政府之间的关系构成了委托代理关系，地方政府实质上是土地的实际控制者，在与中央政府、房地产开发企业、土地实际占用者的博弈中，属于博弈的优势方。中央政府监管的乏力，容易使地方政府与房地产开发企业形成合谋，共同侵占购房者和土地实际占用者的利益，并导致规制的失效。

三是以前的文献多从研究土地与房地产、房价与地价之间的关系视角研究房地产业问题，本书运用产业组织理论和规制理论，对房地产业中的土地规制进行研究，并从土地出让规制对房地产业的影响和土地规制与联动因素对房地产业的影响两个维度考察规制的效果。提出土地规制对房地产价格、产品结构和产业市场结构存在一定的影响，但作用有限。对房地产业进行调控，仅用土地规制很难达到预期的效果，还需要与其他政策措施配合才能发挥作用。

四是借鉴香港地区的经验和做法，提出了解决普通居民住房问题的土地“二元”供给规制体系。中低收入者实施政府住宅扶助，高收入者依靠市场解决住宅问题，并在土地规制中做出明确的限制。这种土地供给体系从根本上不同于现有的依附于商品房的保障房制度安排，其是独立于商品房的自成体系的保障房供给机制。

2. 本书的不足之处

本书的不足之处主要体现在如下几个方面：

一是对土地规制的考察有待深入。文中对土地规制的机理和实证从两个方面进行研究：一方面是从土地出让规制对房地产业影响的机理和实证进行分析；另一方面是从比较研究的视角，考察土地规制对房地产业的影响与联动因素对房地产业的影响不同，发现土地规制对房地产业的价格、产品结构和市场结构的影响起到了一定的作用。政府对房地产业能够产生影响的因素是多方面的，土地规制只是其中的一个方面，对影响因素的剥离发现，土地规制内容丰富，范围广泛，且相互之间存在复杂的关系，对这种复杂关系的研究还有待深入。

二是对房地产业的市场结构研究有待深入。文中对房地产业市场结构的研究，是从企业所有制和集中度的变化进行说明，尚未涉及市场结构变化的动因、变化的路径等问题。由于数据资料难以收集，且涉及到我国房地产企业布局等问题，有待在以后的研究中进行深入的分析。

三是对政府土地规制的社会福利问题缺乏深入的研究。由于社会福利问题需要大量的数据资料，而现实中我国经济处在向市场经济过渡时期，数据资料是属于某一段特定时期的数据，具有一定程度的个性化特点，普遍性会受到一定程度的影响，对分析社会福利的普适性可能会存在一定的偏差。因此没有对社会规制问题中的社会福利收益与损失做进一步的深入研究。

第二章
国内外文献综述及基础理论

第一节　政府经济规制的文献综述

一、政府与市场关系

西方国家关于政府与市场关系的研究从重商主义学说诞生时就开始了，主要围绕政府与市场各自在商品贸易中的作用展开，并伴随资本主义市场经济的发展，至今已经形成了发展经济三种不同的观点：第一种是自由市场的经济、国家干预经济以及两者相结合的经济发展方式。自由市场经济是古典经济学研究的开始，以亚当·斯密为代表，后来发展成以马歇尔、张伯伦为代表的新古典经济学派，最后包括弗里德曼、卢卡斯以及布坎南等新自由主义经济学派。亚当·斯密将政府的作用归结到社会秩序方面，政府只是提供社会公共产品及立法机构，而与经济作用的关系不大①。第二种是国家干预经济的主张，其中以凯恩斯为代表，包括斯蒂格利茨、伯南克等，主张政府必须对经济进行干预，这是20世纪20年代到30年代

① ［英］亚当·斯密．国富论（下卷）［M］．北京：商务印书馆，1974：252-253.

美国在应对经济危机时得出的结论，国家干预经济的主张在罗斯福总统当政时期备受推崇①。第三种是自由市场经济和国家干预经济两者的结合，强调在自由市场经济发展过程中不能忽视政府的干预作用。纵观西方政府经济的发展史，可以发现经济理论的产生都离不开当时的经济背景，而且是不同历史时期生产力与生产关系矛盾发展的结果②。总体而言，西方政府与市场的理论来源于实践，如1776年的《国富论》开创自由经济先河是源于封建君主制度对经济的束缚，从理论上论证了自由经济的好处。《国富论》认为，人们在追求自身利益最大化的同时，带来了社会福利的最大化，但自由市场经济在发展过程中，也会出现市场失灵的现象，导致社会资源无法得到最有效的配置，最终引发了经济危机，银行倒闭，企业破产，生产下降，失业加剧，生产力遭到极大破坏。而“罗斯福新政”保证了资本主义制度的稳定发展，在资本主义经济肌体内部进行了一场“伤筋动骨”的大手术，推崇凯恩斯主义的政府干预政策，实施新政，具体采取了整顿金融业，恢复银行信用，贬值美元，刺激出口；恢复工业，强化国家对工业生产的调节和控制，防止盲目竞争引起生产过剩；调整农业，压缩农业产量，稳定农产品价格，维护农业生产；兴办公共工程（如田纳西水利工程），减少失业（以工代赈），扩大消费需求；进行社会救济稳定社会秩序；回收大企业、银行等，特别是《全国工业复兴法》的颁布实施，规定了各企业的生产规模、价格水平、市场分配、工资水平和工作日时数，规定工人具有集体谈判的权利，规定了资本家必须接受的最高工作时数和应付工资额，设最低工资和最高工资等。正是罗斯福总统实施了一系列的国家干预经济的政策，才使美国经济在长达十年的萧条之后，缓慢走向复苏，这也证实了凯恩斯主义对经济的作用。在2008年的经济危机中，多家国际知名的投行陷入沉重的债务危机和信任危机，雷曼兄弟破产倒闭，AIG和“两房”濒临破产边缘，美国政府及时干预，以政府信用和提供贷款的方式对这类公司进行救济。可见，在自由经济的环境中离不开政府的干预。

---

① 谢自强．政府干预理论与政府经济职能［M］．长沙：湖南大学出版社，2004：41.
② 卫兴华．市场功能与政府功能组合论［M］．北京：经济科学出版社，1999：148.

政府干预经济的理论基本点在于市场机制的三大缺陷，即市场失灵、效率与公平的矛盾以及市场自由调节经济的滞后性①。从西方市场经济的理论和实践来看，市场的缺陷或者市场的失灵被认为是政府干预的基本理由。布坎南认为："市场可能失灵的论调广泛地被认为是为政治和政府干预作辩护的证据②。"市场失效被认为是政府的规制理由之一。在传统的产业经济理论中，市场失灵被认为是多方面原因造成的，缺陷的诱因在于市场势力、垄断、信息不完全以及外部性等，防止市场失灵需要政府制定的规制约束，在外部性、市场势力、垄断以及信息不完全方面进行修正。

对政府规制的研究，国外学者集中在政府规制的原因、机制、路径以及实施的效果等方面。政府规制的原因有垄断、外部性和公共物品等③。规制的机制是通过政府对价格进行限制、外部问题内部化以及强制措施等手段，达到矫正市场失灵的目的。规制的路径是制定相关的政策和法律，依靠政府机构的行政权力进行强制执行，以达到控制市场失灵的目的。从实施的效果来看，存在矫枉过正的迹象，遵循了一条自由经济到政府规制再到放松规制的路径，也就是说，政府对经济放任过度，会导致市场势力形成市场垄断，这时需要政府进行规制，而政府规制一旦过度，就会限制"看不见的手"发挥作用，从而限制市场竞争。因此，政府总是在规制与放松规制中权衡，以求经济的平稳增长。

国内学者对政府规制研究始于 20 世纪 80 年代，从翻译美国学者卡恩的著作《管制经济学》开始，形成了一批研究成果。主要从规制概念的界定、规制的理论基础、规制影响以及规制改革等方面进行论证。王俊豪将政府规制看成是政府为社会提供的一种特殊产品④。刘小兵认为政府规制是市场失灵的必要条件，而不是充分条件，是否需要政府规制，需要通过

① 王阿忠. 中国住宅市场的价格博弈与政府规制研究 [M]. 北京：中国社会科学出版社，2007：11.

② 臧旭恒，徐向艺，杨蕙馨. 产业经济学（第三版）[M]. 北京：经济科学出版社，2005：421.

③ 市场失灵的领域有很多，本书仅涉及经济规制活动有关的领域。比如公共产品领域就是市场失灵的一个典型表现，对此一般是由政府直接提供，不涉及规制活动。再比如经济的稳定性问题，一般也需要政府进行调节，不过这种调节属于宏观经济管理，与微观规制是两个层面的活动。

④ 王俊豪. 政府管制经济学导论 [M]. 北京：商务印书馆，2001：4-30.

仔细地比较政府规制与不规制的效果方可确定①。张丽娜认为西方国家规制之所以出现，很大程度上是因为存在市场失灵，而我国规制带有更多强制性的色彩。计划经济时期，政府规制无处不在，与其说我国政府规制是为了解决市场失灵，不如说是为了消灭市场更确切②。改革开放后我国政府规制，不是解决市场失灵，而是计划经济的惯性和本能。当然，还有一些是从特定行业的角度来论述。如唐要家以电力和电信行业为例，实证研究了电力的动态效率和电力供给规制的成功，但存在价格过高，利润过高，妨碍了市场竞争，而电信行业也存在同样的问题，后来电信行业放松规制给电信市场带来了竞争增强的效果，提高了社会福利水平和市场效率。

二、政府规制的微观理论综述

从政府规制的微观理论基础来看，先后有市场失灵学说、公共利益理论、集团利益理论、规制经济学理论、激励性规制论等。这些理论又与市场有效性、委托代理理论相关，政府规制微观理论在实践中得到了一定的验证，并不断得到修正完善，经历了一个从外生变量到内生变量、从信息对称到信息不对称、从规范分析到实证分析再到规范分析的发展过程③。但理论之间也在某种程度上形成了悖论，如公共利益理论与完全竞争理论在一定程度上相悖，公共利益理论强调规制市场行为，以保护公众的利益不受侵犯，而完全竞争理论则强调市场自由发展的重要性，强调市场通过价格杠杆作用能够自发地进行自我修复，不需要外部的干预，只是在出现市场失灵时，才开始认同政府规制的经济意义。

归纳政府规制的起因，主要有以下几种理论：

① 刘小兵．政府管制的经济分析［M］．上海：上海财经大学出版社，2004：20.

② 张丽娜．我国政府规制理论研究综述［J］．中国行政管理，2006（12）：87-89.

③ 王阿忠．中国住宅市场的价格博弈与政府规制研究［M］．北京：中国社会科学出版社，2007：12.

1. 市场失灵学说

市场失灵是相对市场效率而言的，市场失灵是指市场出现了阻碍资源要素自由流动的因素，导致市场对资源配置的扭曲。完全竞争市场则可以使市场达到充分竞争状态，完全竞争市场必须满足六个条件：一是所提供的商品是完全同质的；二是市场上存在大量的买者和卖者，所有当事人都是价格的接受者，外部性被排除在外；三是买者拥有商品的完全信息，这些商品是私人商品；四是生产方式排除规模报酬递增和技术进步因素；五是买者在给定的预算约束下偏好最大化，卖者在其生产函数下利润最大化；六是市场实现竞争均衡，存在市场出清状态。在福利经济学中，实现帕累托最优的前提条件是基于上述假定，但是现实世界并不满足有效市场假说。信息的不对称使市场的有效性大打折扣，价格机制在这样的市场中难以发挥“看不见的手”的作用。同时，外部性的存在也会导致现实世界充满各种问题，正的外部性增进了社会福利，但是负的外部性会导致市场资源的扭曲，降低社会福利水平，垄断价格也是因为市场存在不透明，企业利用自己的垄断地位进行差别定价，以损失社会福利来换取企业的垄断利润，导致消费者剩余损失。特别是在自然垄断行业部门，出现价格垄断现象比比皆是，航空、电力、自来水、铁路等是垄断的典型产业，导致国家《反垄断法》以及《电力法》《铁路法》《航空法》等行业法律的出台。因此，市场失灵后就需要有效的矫正手段，这也是政府干预最直接的理由之一。正如马克思所言，与社会化大生产的巨大进步相适应，国家作为一种“公共权力”机构，对社会经济运行调节和控制的功能变得越来越重要，国家“只有在它们是管理和处理生产者共同利益的委员会情况下，才是正当的”①。

2. 公共利益理论

公共利益理论的直接产生背景是市场失灵，认为政府规制的目标是纠

① 马克思，恩格斯．马克思恩格斯全集（第26卷）［M］．北京：人民出版社，1972：314-315.

正市场失灵。市场失灵使社会福利遭受损失，为了公共利益的需要，有必要对市场行为进行规制和约束，以实现社会福利的最大化。

一般认为，当市场出现失灵时，就不能导致资源的有效配置，市场供求关系就会受到影响。政府制定规制纠正市场失灵状态，意味着政府是公共利益的保护者，而并不是为了某一部门或者集团的利益。张清津、宿淑玲将规制看作是服从公共需要而提供的一种减弱市场运作风险的方式[①]。Posner 认为，如果公共利益理论能够产生效果，规制就不应该仅在自然垄断行业实施，包括外部性、信息不对称等领域都可以采用公共政策理论[②]。根据西方经济学传统的成本收益分析法，当政府采取的规制所花费的成本小于由此带来的收益时，政府就应该实施规制手段，以增加收益。注意这里的收益和成本并不是指政府某一部门的收益和成本，也不是指政府规制者的收益和成本，而是社会福利的收益和成本，也即当增加的社会福利大于规制成本时，政府就应该实施规制，反之则不实施规制。公共利益理论作为一种规范分析，反映的是规制被公众认可和需求，以纠正市场中的不适当行为。如果某一市场为自然垄断，公众福利就会遭受损失，就会要求对这一市场进行规制，正是潜在的福利收益产生了公众对规制的需求。基于此，于立、肖兴志认为规制公共利益理论是运用规范分析方法（规制何时应产生）而产生的实证理论（规制何时真正产生）[③]。

公共利益理论存在如下一些缺点：一是它是通过规范分析产生实证的理论，但在政府该何时规制时，却陷入了困境。因此，不得不承认由于信息的不完备和不确定性等原因，会导致政府在该出手时未出手，使政策的效果可能背离最初的目标，从而导致政府规制效果大打折扣甚至失灵。二是正如 Posner 指出的那样，规制并不必然与外部性或与垄断市场结构相关，许多非垄断行业和外部性产业也存在着规制，如保险、出租车行业等。三是实施公共理论对某些产业进行规制，并不能有效约束企业的定价行为。斯蒂格勒对美国电力行业进行实证研究，表明政府规制只能对电力

① 张清津，宿淑玲．宗教市场中政府管制的经济分析［J］．东岳论丛，2010（3）：31-33.

② Posner. Natural monopoly and its regulation［M］. Cato Institute，1999.

③ 于立，肖兴志．规制理论发展综述［J］．财经问题研究，2001（1）：17-24.

价格起微小的作用，并没有像人们预想的那样产生很大的作用①。克鲁和克林多佛尔更进一步认为规制公共利益理论中“公共利益”术语本身就是模糊的②。对公共利益理论存在一些争议，但总体而言，政府规制的目标是实现社会福利最大化，尽管在实现的路径及时间等微观因素上有待进一步的研究。

3. 规制俘虏理论

20 世纪 60 年代，美国学者对 1887 年州际商业委会员（ICC）对铁路运价规制的回顾，发现政府对铁路制定的规制与市场失灵的关系不大，而重新对规制产业的分析发现，许多既非自然也非外部性的行业，加入到了政府规制行业，如货车业、出租车业等。进一步的研究发现，规制允许生产者产品定价高于产品边际成本，排斥竞争者进入，规制的制定总是向着有利于生产者的方向发展，提高了生产者的利润水平。实践的经验观察结果导致俘虏理论的产生，俘虏理论认为规制的供给满足了产业的需求，规制机构被产业所控制，规制的结果必然是提高产业的利润率。其基本观点是，不管规制方案如何设计，规制机构对某个产业的规制实际是被这个产业“俘虏”，其含义是规制提高了产业利润而不是社会福利，这一点恰恰与公共利益理论相反。

当然，俘虏理论虽然在实践中得到很好的验证，但也存在一定的问题，如俘虏理论是根据实践经验数据得出，没有坚实的理论基础。在具体问题的解释上，缺乏逻辑分析和推理，致使政府规制是如何被产业控制和俘虏缺乏理论支持。同时，受政府规制的利益集团很多，除了产业利益集团外，还包括消费者，为何规制只受到生产者的影响而消费者却没能影响呢？显然从严格意义上讲，俘虏理论只是一种经验的总结和设想，在许多问题上缺乏强有力的解释。

① 李孟刚，蒋志敏．产业经济学理论发展综述［J］．中国流通经济，2009（4）：30-33.

② Micael A. Crew, Paul R. Kleindorfer. The Economics of Public Utility Regulation［M］. The Macmilian Press, 1986.

4. 规制经济学理论

规制经济学以 1971 年斯蒂格勒发表的《经济规制论》为标志，佩尔兹曼和贝克尔等在其研究的基础上，进一步发展和完善了规制经济理论。斯蒂格勒认为政府规制是一种特殊的商品，政府依靠强权，可以使基础性资源在不同人群之间进行转移，规制者趋向于少数的利益集团。一方面规制者可以通过规制的供给，从利益集团处谋取福利，实现自身利益的最大化，人数较少的特性也使利益集团之间容易达成协议，结成同盟以影响规制者，而人数较多的集团由于达成协议较难，往往处于散而多的状态，难以影响规制者。同时人数较多也容易产生"搭便车"的现象，在经济规制中往往处于不利地位。另一方面利益集团可以通过公共选择方式谋取利益，其含义是规制由产业集团谋取，并根据利益大小来设计和运作①。佩尔兹曼主要关注哪些产业最有可能受到规制的问题，他指出，最可能被规制的产业是那些具有相对竞争性或者具有相对垄断性的产业，在竞争性产业中企业将从规制中大量获益，而在垄断性产业被规制中消费者将受益②。关键是控制规制政策的个体会选择使其政治支持最大化的政策③。在确定政府政策规制时，规制者的决定受规制利益集团的规模及向他们转移财富多少的影响。贝克尔认为，规制主要是用来提高更有势力（更有影响）的利益集团的福利，关注的是利益集团之间的竞争。

Mc Chesney 在对前人研究的基础上提出了创租理论和抽租理论，他从租金这一独特视角分析规制产生的原因，认为规制机构或者规制者保持规制企业垄断地位的目的在于设立一个租金，以便让规制企业来夺取这个租金。通过这种方式，规制机构希望从企业那里得到不同形式的回报④。Laffont 和 Tirole 以信息不对称及委托代理理论作为分析前提，通过设计激励企业说真话的规制合同以提高规制的效率，转移了规制经济理论的研究

---

① 于立，肖兴志．规制理论发展综述［J］．财经问题研究，2001（1）：17-24.

② 张沁．中国低碳发展的激励型规制研究［M］．北京：冶金出版社，2012：37.

③ 通过选票和金钱等给具体经济管制立法者予以政治支持，最终达到立法有利于自己。

④ 宁方勇．规制经济学的理论综述［J］．北方经济，2007（1）：8-9.

视角，过去主要从规制的需求方进行研究，现在从规制的供给方进行研究①。他们认为租金的存在是规制供给者的一个激励因素。当然其他的学者引入一些新的理论，丰富和发展了规制理论，如 Baron 和 Myerson 引入委托代理理论和机制设计理论②。Laffont 将激励理论和博弈论应用于激励规制理论，主要内容包括特许投标理论、可竞争市场理论、区域间比较竞争理论、价格上限规制理论等③。

第二节　土地规制文献综述

房地产业是人们普遍关注的产业，世界各国对房地产业的研究很多是从土地规制开始的，涉及房地产业的土地规制研究文献并不多，国外学者的研究主要集中土地功能区位、对城市发展的影响以及消除贫困方面。国内学者的研究集中在土地产权关系、如何发挥土地在调控房地产业的作用方面。

一、国外文献研究综述

国外学者对土地规制的研究最初是从农地开始，后转向城市用地。真正意义上的土地规制仅有百余年的历史，而且土地规制并没有被纳入到房地产价格调节环节，只是根据单一的土地问题实施分区规划，并从供给的角度来规范市场行为。后来土地规制被嵌入到宏观的制度背景和经济背景中，注重研究如何依据土地规制来消除贫困、保持社会稳定、控制城市发展等方面。如美国学者 Brueekner 研究指出，土地规制能够控制区域发展，延缓城市的过度扩张，减少农用地的占用④。Lavigne Delville 研究指出，第

① 杨其静．合同与企业理论前沿综述［J］．经济研究，2002（1）：15-22.

② 张春霖．存在道德风险的委托代理关系：理论分析及其应用中的问题［J］．经济研究，1995（8）：3-8.

③ 拉丰．激励理论的应用［M］．北京：北京大学出版社，2001：322-345.

④ Brueekner J. K. Growth Controls and Land Values in an Open City［J］. Land Economics，1990.

三世界国家存在土地利用的冲突，常常导致对经济和社会产生不利影响。土地利用的重点是消除人与人的利益冲突以求社会稳定[①]。另外，Deininger 和 Klausw 研究了土地的转让，指出土地的利用应该既有利于资源的合理利用，又能够促进社会财富的合理分配[②]。俄罗斯的学者也指出，俄罗斯的土地规制对经济具有间接的推动作用。可见，国外的土地规制是从经济增长和社会进步的角度考虑的，并没有将其作为调控房地产业的直接手段。

与房地产价格有关的土地规制研究集中在土地管理方面。如 Galke、Warren 认为美国政府的房地产业规制集中在相关的管理法规和城市规划上[③]。Loh Wang 认为政府仅考虑对土地供给的控制，却没有防止住宅短缺，从而导致极高的地价和房价[④]。Eddie，Chi-man Hui 和 Vivian，Sze-mun Ho 则通过研究香港土地规制与房价的关系，认为土地规制如规划、建筑密度等指标对房价有影响[⑤]。Pascal Raess 从政府规制房地产租赁价格均衡点的视角，探讨社会福利问题。Mitsuo Takase 从政府规制建筑层高与房价关系研究房地产市场变化问题。从这些研究中发现，Loh Wang 的研究具有重要的参考价值，他分析指出土地规制限制了土地的自由交易，使土地价格高涨，这点对本书具有很好的参考价值。

二、国内文献研究综述

国内学者对土地规制的研究主要集中在两个方面：一是土地的产权关

---

① 汤志林，陈芬．国外土地政策研究：价值导向、特征和热点［J］．中国地质大学学报（社会科学版），2007（1）：68-72.

② Deininger，Klausw. Land Policies for Growth and Poverty Reduction［J］. Information Science and Technology，2007：1709.

③ Galke Warren，Clark Scott. National Evaluation of the U. S. Department of Housing and Urban Development Lead-Based Paint Hazard Control Grant Program：Study Methods［J］. Environmental Research，2005：315-328.

④ Loh Wang，Urban. Land Policy and Housing in an Endogenously Growing Monocentric City［J］. Regional Science and Urban Economics，1998：34.

⑤ Eddie，Chi-man Hui，Vivian，Sze-mum Ho. Does the Planning System Affect Housing Prices? Theory and with Evidence from Hong Kong［J］. Hatitat International，2003（27）：339-359.

系，涉及土地在所有制内部的流转和农用地转为建设用地问题。二是作为房地产价格的调控手段，主要内容是控制房地产价格过快上涨，保持房地产市场的健康发展。黄云鹏从 2003 年、2004 年的土地规制分析中发现土地规制是实现房地产业宏观调控目标的一个关键环节①。胡进安介绍了土地资源参与我国政府宏观调控的途径以及重点②。段岩燕、曹振良认为，调控房地产主要依靠土地和金融，土地决定房地产的供给，金融决定房地产的需求，土地的供给弹性较小，因此调节房地产价格还以金融措施为主③。肖教燎、贾仁安、毛燕玲分析了土地政策的传导机制，认为土地的调控中会出现成长上限、饮鸩止渴和舍本逐末三大悖论，并从反馈冲击及帕累托改进角度提出两个命题④。王家庭、张换兆在凯恩斯模型中加入土地要素，分析土地的作用⑤。黄凌翔、张换兆分析了土地政策参与宏观调控的条件，分析了土地的生产要素功能和空间承载功能，提出了“时空双维”的土地政策宏观调控路径⑥。黄晓宇、蒋妍利用三部门模型，认为土地市场的发展和 GDP 的增长存在一定的关系⑦。卢为民、于晓峰实证分析了财政政策、货币政策与土地政策的关系⑧。张协奎、韦玮以地方政府为视角，利用委托代理理论分析了中央政府和地方政府利益函数、激励机制等关系⑨。

因此，从文献研究可以发现，对土地规制的研究还存在一些不足的地

① 黄云鹏．土地管理——宏观调控的政策选择［J］．宏观经济管理，2005（4）：11-14.

② 胡进安．土地政策参与宏观调控的途径和重点［J］．国土资源通讯，2005（Z1）：57-58.

③ 段岩燕，曹振良．调控房地产价格的关键——土地和金融［J］．当代经济，2005（2）：57-59.

④ 肖教燎，贾仁安，毛燕玲．土地调控政策、传导机制与理论命题［J］．江西社会科学，2010（3）：182-187.

⑤ 王家庭，张换兆．土地政策参与宏观调控的理论分析及政策含义［J］．山西财经大学学报，2008（9）：1-5.

⑥ 黄凌翔，张换兆．土地政策参与宏观调控机制的探索［J］．天津城市建设学院学报，2009（2）：125-131.

⑦ 黄晓宇，蒋妍．土地市场与宏观经济关系的理论分析及实证检验［J］．中国土地科学，2006（4）：2-8.

⑧ 卢为民，于晓峰．土地政策在房地产市场调控中的作用［J］．城市问题，2010（2）：60-62.

⑨ 张协奎，韦玮．房地产宏观调控政策下地方政府的应对行为研究［J］．广西民族大学学报（哲学社会科学版），2009（2）：114-117.

方，主要体现在以下几个方面：一是研究房地产宏观调控的较多，主要是从房地产价格偏离长期均衡的角度进行研究，多数的对策是如何加强土地调控力度，出台更严厉的政策措施，打击开发企业囤地、捂盘惜盘、炒卖地皮的行为，而对微观土地规制政策的制定、实施效果的研究较少。二是许多文献将政府作为一个公正、无私的公共利益维护者，而忽视了政府自身的经济利益。其实中央政府与地方政府、地方政府之间的目标函数是不完全一致的，这样出现了各自在土地供给市场的行为差异，土地规制在执行过程中就会偏离规制目标，甚至出现与规制目标背道而驰的现象。三是对土地规制与房地产业的价格、产品结构和产业市场结构联系起来分析的较少。因此，有必要研究土地规制对房地产价格、产品结构和产业的市场结构的影响机理，并实证土地规制对它们的影响效果，可以更好地理解土地规制的制定和实施的条件，以有效解决我国房地产业中出现的产品价格过高、产品结构失衡等问题。

第三节　土地规制的基础理论

一、土地规制研究范围界定

本书所称的土地规制有广义和狭义之分，广义的土地规制是指国家为保证土地资源的合理利用和经济、社会及环境的协调发展而制定的、约束有关土地使用行为、与基本政治制度相适应的一切规范制度的总称。狭义的土地规制是指为保证城市土地资源的合理利用而制定的一系列有关土地规范制度的总称，包括土地供给规制和土地利用规制。

由于本书主要研究土地规制对住宅房地产业中的价格、产品结构和产业市场结构的影响。因此，土地规制的研究范围也就限定在与住宅房地产业有关的规制上，主要包括与住宅相关的土地供给、土地利用、土地监管以及土地产权（土地的全民所有与集体所有）关系等方面。

二、土地规制的基础理论

对土地规制基础理论的分析，是基于产业经济学的视角，通过搜集整理研究政府规制的相关理论，发现与之相关的理论主要有博弈论、信息不对称理论、委托代理理论等。

1. 博弈论

政府规制的制定、执行常常是利益集团之间相互博弈的结果。杨建荣等将中国房地产市场博弈分为政府、开发企业和购房者三方，认为由开发企业和购房者之间的博弈导致的房价快速上涨是客观存在的事实，在加入政府因素后分析认为，开发企业和购房者的预期无法调整市场结构失衡的现象，强调政策因素才是决定中国房地产市场基本走向的内在动力①。实际上，购房者作为利益集团的一方，群体非常分散且很难有效组织起来，对政府规制施加的影响有限，因而对政策的影响效果是非常小的。淮建军等在分析房地产市场价格博弈时，将购房者排除在外，转而引入对房地产价格影响较大的国际投机商，同时根据利益原则将政府分为中央政府和地方政府，分析其中单人联盟、双人联盟、三人联盟和四人联盟，认为地方政府和开发企业容易结成反规制联盟，中央政府和国际投机商容易破坏反规制联盟②。

中央政府的规制目标是保持房地产价格在合理的范围之内，其中的土地、金融、财政等政策是调控的手段。地方政府的规制目标是要保持房地产业健康持续发展，更重要的是保持地方经济发展，房地产业是实现地方经济发展一个很重要的手段。根据对住宅商品房销售额占 GDP 分析，我国从 2004 年开始，住宅商品房的销售额占 GDP 的比重一直维持在百分之二

① 杨建荣，孙斌艺．政策因素与中国房地产市场发展路径［J］．财经研究，2004（4）：130-138.

② 淮建军，刘新梅，雷红梅．我国房地产市场管制中四人联盟与对抗的博弈分析［J］．系统工程，2007（12）：34-40.

十几，2007 年甚至达到了 30.48%，这样高的比例使地方政府在制定规制时难免会有所顾忌，制定出的限制性土地出让规制在执行时又会打折扣。同时，规制的制定者是理性的“经济人”，在规制的制定过程中，会考虑规制的制定能否给自己带来收益。如果一项规制的制定限制了自己利益的获取，制定者就会采取救济办法，使自己利益受损降到最低程度。在规制实际执行过程中，规制执行者也往往是在考虑自己利益最大化过程中执行政策，这样难免出现政策执行不到位，执行部门之间相互推诿、扯皮现象时有发生。土地规制中的行为主体博弈分析将在第五章详细介绍。

2. 信息不对称理论

信息不对称理论认为，市场中的参与主体对商品或者服务的信息掌握程度是有限的，并且彼此之间存在差异，拥有信息多的一方会利用自己的信息优势，在市场的交易中获得好处，而处在信息不利的一方则会因为信息的不对称付出成本，因此会花费较多的成本在市场中搜寻更多的信息，以降低信息的不对称。在现实生活中，信息的不对称是广泛存在的一种现象，无论是政府部门还是生产者或消费者，都无法获得市场中的所有信息。导致信息不对称的原因有两个：一是社会分工的出现，二是信息传递的限制。社会分工是社会发展到一定阶段的必然产物，是随时间而内生演进的过程。随着社会分工的深化，会产生不同的行业、市场和交易环节，它们之间所需的知识技能、操作技巧、管理经验等是各不相同的，就会形成不同的信息供给。市场的交易者、生产者和消费者对这些信息不能完全掌握，也就会出现信息的不对称。同时，这些信息处于分离状态，需要在各个部门、生产者和消费者之间进行传递，传递过程需要花费成本，如果想获得更多的信息，必须花费更多的成本，否则就会处在信息的弱势地位。正如产业经济专家王俊豪所言：信息是一种商品[①]。正因为信息的不对称，在市场中就会出现逆向选择和道德风险，导致市场失灵。如果将市场中的信息看成是一种资源，则正是由于信息的不对称使资源无法通过价

---

① 王俊豪．英国政府管制体制改革研究［M］．上海：上海三联书店，1998：22.

格机制发挥作用，社会福利的帕累托最优状态在现实生活中也就无法实现。为了克服信息不对称的现象，增进社会福利水平，有必要实施政府规制。

房地产市场是典型的不完全竞争市场，信息的不对称现象在该行业体现比较明显。一是房地产自身信息的不对称。从估价的角度来看，为了判断房地产价格的多少，需要关注影响房地产价格的各类因素，主要包括实物因素、区位因素和权益因素。实物因素是房地产的实体部分，包括建筑物的结构、设备、装修、外观，土地的形状、平整程度等，在这些因素中，建筑用材的数量和质量、施工工艺的先后程序和时间间隔等无法直接觉察和判断，构成了信息的不对称。区位因素是影响房地产价格最重要的因素之一，区位是指地球上某一事物与其他事物在空间方位和距离上的关系，除了地理坐标位置外，还包括与其他地方往来的可及性与便捷性，与重要场所的距离、周围环境、景观以及该区位在城市或区域中的地位等。在区位因素中，现阶段无法预测未来市政规划对道路改扩建、环境投入的情况，导致这一影响房地产价值的因素存在信息的不对称。权益是房地产中无形的、不可触摸的部分，包括权利、利益和收益，例如所有权、使用权、租赁权、抵押权、典权、地役权、相邻关系等。权利的设定会存在瑕疵，权利的分割也存在不确定性，甚至隐含纠纷等情况，这些情况都属于信息的不对称。二是供给的信息不对称。从市场供给的角度来看，如果房地产的供给方对房地产项目进行策划包装、造势宣传、炒作囤房以及人为制造假象抬高房地产价格，则会进一步加大房地产供给的信息不对称的程度，具体包括投资信息、产品供给结构信息、面积信息等。三是房地产需求信息不对称。房地产需求信息目前没有权威的统计数据，近几年的大学毕业生留城工作、农民工进城、旧城改造以及实施城镇化等极大地增加了对商品房的需求，短时间内很难统计出准确的数据，这样就形成了信息的不完备，由此引发房地产需求信息的不对称问题。

3. 委托代理理论

委托代理理论是 20 世纪 60 年代末 70 年代初一些经济学家深入研究企

业内部信息不对称和激励问题发展起来的。委托代理理论是研究在利益相冲突和信息不对称的环境下，委托人如何设计最优契约激励代理人。委托代理问题是指由于代理人目标函数与委托人目标函数不一致，加上存在不确定性和信息不对称，代理人有可能偏离委托人的目标函数而委托人难以观察并监督，而出现的代理人损害委托人利益的现实。委托代理理论的主要观点认为：委托代理关系是随着生产力大发展和规模化大生产的出现而产生的。其原因一方面是生产力发展使分工进一步细化，权利的所有者由于知识、能力和精力的原因不能行使所有的权利了；另一方面专业化分工产生了一大批具有专业知识的代理人，他们有精力、有能力代理行使好被委托的权利。但在委托代理的关系当中，由于委托人与代理人的效用函数不一样，委托人追求的是使自己的财富更大，而代理人追求自己的工资津贴收入、奢侈消费和闲暇时间最大化，这必然导致两者的利益冲突。在没有有效的制度安排下代理人的行为很可能最终损害委托人的利益。在公司的治理过程中，公司股东将企业委托给管理者经营，公司的控制权由管理者负责，而剩余索取权由委托方控制，形成委托代理关系。这里将企业的委托代理关系引入政府之间的关系分析中，中央政府和地方政府之间的关系实际上就是委托代理关系。地方政府在规制中扮演代理人角色，而中央政府是委托人，当它们之间的目标不一致时，地方政府往往会采取措施使自己的利益最大化①，而中央政府必须监督地方政府的行为，防止规制出现偏差。中央政府的目标是经济增长、充分就业和社会稳定，对地方政府的土地财政收入虽然有调控的因素，但更多的收入还是留给地方政府，也就是说，如果地方政府获得的收入越多，留存的也就越多。在这种制度安排下，具有“经济人”特点的地方政府必然有激励将政府规制变为一种工具，来获得更多的好处。因此地方政府一方面是政府规制的制定者和执行者，另一方面又具有自己的部门利益。如果缺乏监督或者监督机制不到位，就会引发滥用公共权力去获取部门利益。

从利益主体的角度看，在政府规制中，还存在着多重的委托代理关

① 刘琳琳．试析委托—代理关系下房地产市场政策选择［J］．经济与管理，2008（11）：12-13.

系，至少涉及四个行为主体，即人数众多的消费者、政府、规制机构和被规制企业。消费者是市场中多而散的委托人，政府受广大消费者之托，对市场进行规制。而规制机构又受政府的委托，对被规制企业进行监督和管理，而消费者和被规制企业是市场参与的主体，在规制约束下，按照市场交易规则行事。在完全市场中，两者之间不存在规制与被规制关系，都属于价格的接受者。在不完全市场中，如果不对企业进行规制，其就会利用自身优势对规制者实施影响，甚至合谋以获得超额利润，因此对政府行为进行规制也显得十分必要。

4. 其他基础理论

其他涉及土地规制的基础理论还有交易成本理论、公共选择理论等。一般认为，交易成本是指一系列的制度成本，包括信息成本、谈判成本、契约成本、监督管理成本以及制度变化成本。如果政府规制的实施导致增加的社会福利大于其带来的交易成本时，通常认为实施这种政府规制是必要的。交易成本理论的基本思路是采用比较制度分析方法，将市场交易作为分析的中心环节，围绕交易成本与体制组织的对应关系，建立最经济的体制组织，实现从制度上节约成本，增进社会福利。在缺乏明确产权界定的情况下，在面临大量不确定性和机会主义行为面前，与市场中各当事人之间谈判的解决方式相比，规制可以带来更高的效率①。在房地产市场交易中，购房者往往会花费毕生的积蓄购买一套住房，如果契约不完善，开发企业擅自变更土地用途，就会产生产权纠纷，致使购房者利益受损，这时政府就可以直接采取规制的办法公布市场信息，制定规范的合同范本，防止侵害购房者利益的事件出现。

公共选择理论是由美国学者詹姆斯、布坎南创立，主要研究如何将个人偏好转化为社会决策的机制或者程序，强调的是非市场选择和政治个体的行为。该理论以理性人假设为基础，认为人都有利己动机、愿望和偏好，会追求自身的最大利益。在这一前提下，虽然个人在政治市场上对不

---

① 周学荣．政府规制论［M］．武汉：湖北人民出版社，2010：18.

同的决策规则和集体制度有不同的反应，但仍然可以构造一个以个人意志为导向的公共利益秩序①，这样就可以制定公共利益的政策。但需注意，这项公共政策可以一分为二。一是代表多而散的消费者，这种公共政策具有广泛的代表性，被称为公共的利益偏好。二是代表少而集中的政治家和官员，他们往往被企业所俘获，倾向于制定有利于企业的规制，这些制定出来的公共政策代表的是少数人的利益，因此也称为俘虏偏好。后一种情况往往占据主要的地位，但地方政府规制由于受到中央政府规制的限制，这种偏好就会受到一定程度的制约，在缺乏内在约束机制的前提下，会出现权力寻租、政策失效的情况，这就是政府规制的失灵。在我国房地产业的规制中，政府规制对房地产的调控一再失效，公共选择理论就可以对此做出较合理的解释。

政府土地规制的制定与执行是由于土地存在自然垄断、外部性和公共物品的特性。对国外的研究分析认为，土地规制对城市发展、消除贫困和经济增长有一定的作用，而国内的研究主要集中在土地产权规制关系和房地产业中地价与房价的关系上。在现有的研究中，以土地规制为研究对象，探讨房地产业中的问题则比较少见。土地规制的基础理论主要有市场失灵学说、公共利益理论、规制俘虏理论、信息不对称理论、博弈论和委托代理理论等。

① ［美］D. C. 穆勒．公共选择理论［M］．杨春学等译．北京：中国社会科学出版社，1999：3.

第三章
土地规制与房地产业的基本关系

第一节　土地与房地产的关系

土地与房地产密不可分，对土地进行规制实质上也是对房地产业进行规制。房屋依地而建，地因房屋的存在显得更有使用的价值，两者的组合构成了房地产。

一、相关的基本概念

1. 土地

一般认为，土地有狭义的土地和广义的土地之分。狭义的土地仅指陆地部分。规划学者认为："土地是指地球陆地表层，它是自然历史的产物，是由土壤、植被、地表水及表层的岩石和地下水等诸多要素组成的自然综合体。"而地理学者认为："土地是地理环境（主要是陆地环境）中互相联系的各自然地理成分的组成，包括人类活动影响在内的自然地域综合体。"广义的土地不仅包括陆地部分，而且还包括光、热、空气、海洋等要素。经济学家马歇尔指出："土地是指大自然为了帮助人类，在陆地、海上、空气、光和热各方面所赠予的物质和力量。”经济学者伊利认为：“土地不仅指土地的表面，还包括地面上下的东西。”

1975 年，联合国发表的《土地评价纲要》对土地的定义：是指地球表面的一个特定地区，包含着此地面以上和以下垂直的生物圈中一切比较稳定或周期循环的要素，如大气、土壤、水文、动植物，人类过去和现在活动及相互作用的特定区域。我国土地管理部门对土地的定义：是指地球表面上由土壤、岩石、气候、水文、地貌、植被等组成的自然综合体，它包括人类过去和现在的活动结果。因此，从土地管理角度，认为土地是一个综合体，是自然的产物，是人类过去和现在活动的结果。

这里研究的土地属于土地管理部门所定义土地的一部分，具体是指城市住宅用地，以及可以转换用途变为城市住宅用地的土地。既包含具体的实物形态，也包括依附于土地之上的各种权利关系。

2. 房地产

学术界对房地产的含义存在三种理解：第一种认为房地产是指土地、土地上的永久建筑物、基础设施以及诸如水和矿藏等自然资源，还包括与土地所有权有关的权利或利益①。第二种认为房地产是指建筑地块和建筑地块上以房屋为主的永久性建筑物及其衍生的权利②。第三种认为房地产是不动产的原称，不动产是房地产的别称，房地产是通俗的概念，而不动产则是理论化的概念。

第一类观点和第二类观点的区别主要表现为对土地的界定范围不同。广义房地产论将所有土地甚至诸如水和矿藏等自然资源均划进了房地产，其范围显然过于宽泛。而狭义房地产仅认为建筑用地属于房地产。要合理界定房地产中“土地”的范围，首先必须区分土地的不同功能。土地具有三个基本功能：第一为承载功能；第二为生产功能；第三为资源（非生物）功能。房地产中“土地”需要发挥的功能主要为承载功能，因而将需要发挥生产功能的土地划入房地产范畴显然是不合适的。第三类观点将房

① 吕华. 房地产估价理论与实务［M］. 上海：同济大学出版社，1990：2.
② 曹振良. 房地产经济学通论［M］. 北京：北京大学出版社，2003：2.

地产和不动产完全等同起来，显然是没有认真区分“房地产”与“不动产”两个概念之间的区别。“不动产”一词在内涵上强调“不动”，房地产属于不动产，但不动产不全是房地产。如农村集体所有的农用地，显然具有不动产性质，但我们在谈住宅房地产的含义时一般将其排除在外。

因此，这里对房地产的定义为：房地产是地产和房产的合称，是承载用地和以房屋为主的建筑物或构筑物及其衍生的各种权利关系的总称。其中土地与房屋反映的是物质属性与形态，而地产和房产则体现相应的生产关系。房地产按用途分，主要包括住宅房地产、商业房地产和工业房地产等，按土地所有权分，包括农村房地产和城市房地产，本书研究的范围限定在城市住宅房地产。

3. 房地产业

国际上不同国家对房地产业的定义有所不同。如联合国在 1986 年修订的《全部经济活动产业分类》的国际标准中，把经济活动分为十大类，房地产业属于第八大类。在美国的产业分类中，全部产业划分为十大类，房地产列第七大类。在加拿大的产业分类中，房地产业属于第九大类。尽管类别序号不同，但都包含住宅房地产的开发与经营内容。

我国学者对房地产业的内涵及其产业归类存在三种不同的观点：第一种观点认为房地产业是从事房地产开发、经营、管理和服务的行业。这是比较被广泛认同的观点，但是这里的开发是否包括房屋建设过程不明确，即房地产业是流通领域的产业，还是生产与流通二者兼而有之的产业不明确。第二种观点认为房地产业是指从事房地产开发建设、租售经营以及与此紧密联系的中介服务如融资、置换、装饰、维修、物业管理等经济活动组成的行业，是国民经济中兼有生产和服务两种职能的独立产业部门。其特点是强调房地产业是兼有生产和服务（经营管理）职能的产业。第三种观点认为房地产业是从事房地产投资、开发、经营、管理和服务的产业，主要是流通领域里活动的产业部门。其特点是强调房地产业的活动主要在流通领域①。

① 杨波．房地产业的城市政府管理研究［D］．东北财经大学博士学位论文，2006.

综合以上观点，其基本差异或分歧主要表现如下：房地产业除了包括经营环节外，是否还包括开发建设（生产）环节，也即房地产业要不要包括建筑业。为了使房地产业的概念界定与国际接轨，同时也为了保持理论上的严谨性和具体核算上的可操作性，应该坚持房地产业不包括建筑业的观点。因为，在我国现行的国民经济核算体系及产业分类中，已经明确规定建筑业属于第二产业，而房地产业属于第三产业，如果包括建筑业，则两大产业之间互相包容且交叉。文中所指的房地产业是指住宅产业，指专门提供住宅的开发、销售和管理的产业。

二、土地与房地产的实体关系

从物质实体上看，房地产是土地和建筑物组成的联合体。土地既包括地表以上的部分，也包括地表以下的部分。建筑物地下部分可分为地基和基础两部分。地基是直接承受构造物荷载的地层，地基不属于建筑物的组成部分。基础是建筑底部与地基接触的承重构件，属于建筑的组成部分。它的作用是把建筑上部的荷载传给地基，因此基础必须坚固、稳定而可靠。

房地产所指的土地，除了与建筑物相连的土地外，还包括建筑物之外的各类管线、道路、绿化、公共设施等占用的土地。因此，房地产所指的土地实质上既包括建筑物所占用的土地，也包括处于规划建设范围内建筑物没有占用的各类管线、道路、绿化、公共设施等土地，含义范围要广。

三、土地与房地产的产权关系

土地与房地产的关系，除了看得见、摸得着的实物联系外，还存在权利关系的联系。从物质实体上看，房地产包含了土地，但从产权关系来看，土地与房地产又是可分离的。我国目前有关房地产的基本产权主要包括所有权、使用权、租赁权、抵押权。

土地的所有权归国家所有，其他权利状态由所有权派生形成。土地使用权分为划拨土地使用权和出让土地使用权。划拨土地使用权是指经县级以上人民政府依法批准，在土地使用者缴纳土地补偿、人员安置等费用后，取得的国有土地使用权，或者经县级以上人民政府依法批准后无偿取得的国有土地使用权。出让土地使用权是指国家以土地所有者的身份将国有土地使用权在一定年限内出让予土地使用者，由土地使用者向国家支付土地使用权出让金后取得的土地使用权。土地使用权出让是以土地所有权与土地使用权分离为基础的。土地使用权出让后，在出让期限内受让人实际享有对土地占有、使用、收益和处分的权利，其使用权在使用年限内可以依法转让、出租、抵押或者用于其他经济活动，合法权益受国家法律保护。划拨土地使用权没有使用期限的限制，而出让土地使用权有期限的限制。土地使用者享有土地使用权的期限以出让年限为限，出让年限由出让合同约定，但不得超过法律限定的最高年限。

土地的租赁权、抵押权均与土地的使用权有关。我国土地使用权实质上是具有长期租约性质的租赁权，住宅用地的使用期限是 70 年，过后国家可以将土地连同地上建筑物一并无偿收回。土地承租权人享有租用土地的占有权、使用权、收益权。土地承租权人不享有土地使用权，无权行使转让或者抵押等处分。土地抵押权是一种担保物权；同时土地抵押权又是土地他项权利的一种，是设立于土地使用权之上的权利。土地抵押权必须是基于土地使用权（主权利）才能成立，并以土地使用权作为实现抵押权的标的。土地抵押权附属于土地使用权，但两者又有密切联系，土地抵押权的效力对土地使用权有重大影响，它的实现可导致土地使用权归属的变动。

房地产由土地和建筑物组成，土地是全民所有或者集体所有，产权主体是代表全民的国家或者集体，本书所研究土地是城市住宅建设用地以及能够转为城市住宅建设用地的城郊土地，这里统称为国家所有，而房屋的主体是个体，这就导致房地产的所有权存在两个权利主体，一个是国家主体，另一个是个体主体。土地的所有权决定了房屋所有权的存续期限，当国家为了公共利益的需要征收拆迁房屋时，房屋的产权主体应服从国家的需要，在获得一定的补偿后，房屋的所有权就会归国家所有。因此，房地产的所有权实质上由两个主体构成，国家主体和个体主体，其中国家主体起主要作用，可以决定房屋主体的所有权存续状态，实质上也就决定了房地产所有权的状态。

土地的使用权是由所有权派生的权能。土地出让以后，使用权就产生并可以流转，被不同的主体占有、使用。土地使用权的使用期限决定了房地产的使用期限，法律规定住宅用地的使用期限是70年，70年期满后，国家可以无偿收回土地使用权，在收回土地使用权时，房屋也会一并被无偿收回，并归国家所有。一般而言，土地使用权在出让时，就规定了土地的使用限制条件，包括房屋的建筑类型、建筑密度、高度、容积率、消防通道、出入口、停车位等，房屋的开发与建设只能根据土地的利用限制条件开发建设，也就决定了房地产所处的位置、类型、建筑物高度、密度等。

房地产的租赁权和抵押权依附于土地的使用权，当土地使用权出租或者抵押时，房地产也随之出租或者抵押，反过来，当房地产出租或者抵押时，土地使用权也随之出租或者抵押。房地产的抵押应以土地的可抵押为条件，土地使用权抵押以出让的土地使用权为前提，划拨土地使用权不允许单独抵押。如果划拨土地上的房屋抵押时，土地使用权也随之抵押，但不计算抵押价值。可见，房地产的租赁权和抵押权以土地的使用权为基础，对土地使用权的限制可以限制房地产的租赁权和抵押权。其关系如图3-1所示。

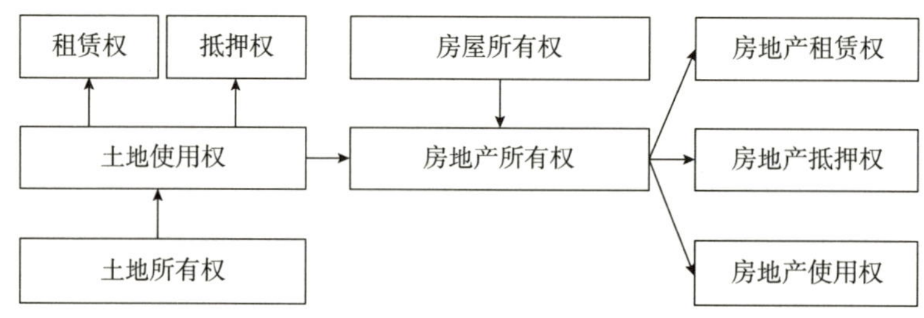

图3-1　土地与房地产基本产权关系

因此，从产权关系看，土地所有权是基础，决定了土地使用权和房地产所有权。房地产的所有权包含了土地的使用权和房屋的所有权，土地使用权同时也可以派生出租赁权、抵押权等权能关系。房地产中的房屋所有权不由土地所有权决定，但受到土地所有权的制约。房地产的使用权、抵押权和租赁权则由房地产所有权派生出来，受房地产所有权的制约。

第二节　土地规制对房地产业的作用

研究土地规制对房地产价格、产品结构和产业市场结构的影响，首先需要厘清土地规制与房地产业之间的关系。由于在土地供给时，就已经明确规定土地的供给方式和利用限制条件，所以这里主要分析在土地供给过程中，土地规制对房地产业的作用和房地产业对土地规制的应对策略。

一、房地产业发展阶段

房地产业的发展规律和一般产业的发展规律一样，要经历产业形成期、成长期、成熟期和衰退期四个时期（如图 3-2 所示）。在形成期，房地产业发展速度缓慢，此阶段主要是为后面的快速发展阶段打下基础；在成长期，房地产业发展迅速，其发展速度大大超过了整个产业系统的平均发展速度，其市场的需求明显扩大，房地产业的产出在整个产业系统中的

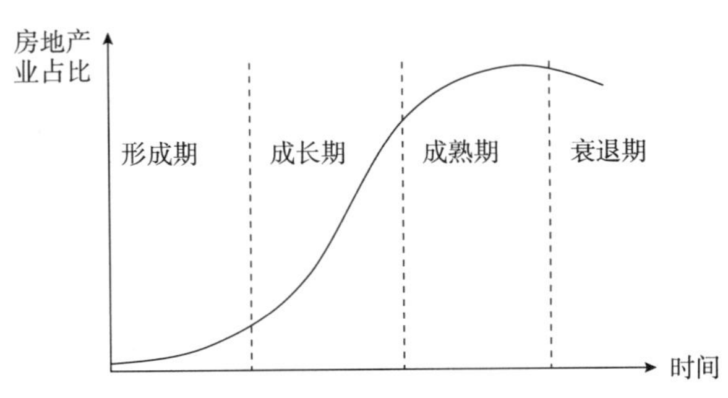

图 3-2　房地产业发展阶段分析

比重迅速增加；在成熟期，房地产业发展速度将会放慢，其产出的市场容量相对稳定，房地产业在产业结构中的潜在作用基本得到了发挥；在衰退期，因技术的进步，市场上推出了在经济上可替代老产业的新产业，老产业将一步步退出市场，产业周期曲线呈现不断下降的趋势。

从 1958 年开始，房地产收归国有，中国房地产市场从此消失。直到 1979 年开始经济体制改革，中国房地产业才有了发展的契机。按发展速度划分，目前我国房地产市场大致经历了以下三个阶段：

第一阶段（1979~1991 年），中国房地产市场复苏成长。1980 年 4 月，邓小平同志发表了关于建筑业和房地产业的谈话，此后全中国开始了城镇住房制度的改革。1990 年，国务院发布了《城镇国有土地使用权出让和转让暂行条例》和《外商投资开发经营成片土地暂行管理办法》，再加上浦东开发开放的带动作用，1991 年下半年，房地产市场呈现了明显的回升趋势。

第二阶段（1992~1997 年），中国房地产市场初步形成。1992 年初，在邓小平南方谈话的推动下，中国房地产市场得以全面发展。1992 年，房地产开发投资 731 亿元，同比增长 117.5%；土地开发面积 2.334 万公顷，同比增长 175%。1993 年，在 1992 年市场迅速发展的推动下，中国房地产业发展出现过热趋势。这一期间，全中国商品房开发投资额同比增长 143.5%，新开工面积同比增长 136%，房地产开发企业接近 2 万家。中国随即采取了一系列调控措施，房地产业也告别疯狂，迎来理性。1994 年和 1995 年，中国房地产开发投资额分别只比上年增长了 31.8%和 23.3%，1997 年更是出现了负增长，为-1.2%。

第三阶段（1998 年至今），中国房地产市场进入了新的发展时期。在政府的鼓励和引导下，中国房地产市场明显转暖，房地产业经过几年的调整后，泡沫成分已得到控制，再加上宏观经济开始步入稳定发展时期，因此国家采取了一系列措施鼓励房地产业的发展，房地产业由此开始进入复苏时期。特别是进入 20 世纪 90 年代之后，房地产进入了一个前所未有的兴旺发达期，土地成片开发和大量外资的引入，形成了外资、合资和内资开发公司齐头并进的势头；住宅、楼宇、商业大厦、公共设施等纷纷拔地而起，我国的房地产业作为一种重要的经济杠杆，在城市建设、改善人民生活、促进经济发展等方面发挥了巨大的作用。房地产开发规模正以每年平均20%左右的速度增长，在整个国民经济中占有举足轻重的地位。因此，现阶段我国房地产业的发展时期属于产业的成长期。

二、土地规制对房地产业的作用分析

土地规制对房地产业的作用分为两个方面：一方面是直接产生作用，即土地相关的法律法规以及政策对房地产业发展产生作用；另一方面是通过房地产市场间接产生作用。直接产生作用的途径有两个：一是设置行业的进入门槛。比如房地产企业在参与土地的竞价时，通常设置了参与竞价的条件，如企业的资质、人员数量、技术装备和保证金的数量，限制了参与企业的数量，致使竞价只在较小的范围内进行。二是指定土地的用途。比如经济适用房的土地采取划拨的方式，由政府从土地年度利用计划中划出部分土地，专门安排经济适用房的建设。由于经济适用房的管理费用、利润率都有严格的限制，政府也没有激励机制吸引开发企业参与经济适用房的开发建设，导致经济适用房的供给过少，这样导致了房地产业的产品以商品房的形式出现居多，经济适用房较少，也即中高档房供给过多，低档房供给过少，结构出现了失衡。

土地规制对房地产业的间接作用是通过土地市场和住宅市场实现的。其作用的传导机制是土地规制对土地供给和利用产生影响，土地供给和利用对土地市场产生影响，而土地市场对住宅市场产生影响，住宅市场最终会形成房地产业的市场结构并影响房地产业。因此，土地规制对房地产业的间接作用，实质上是分析土地市场和住宅市场之间的作用关系，它们之间通常是通过容积率和价格杠杆起作用。

1. 容积率

就房地产市场而言，市场上的住宅供应量取决于土地供应面积与容积率的乘积。在土地供应数量一定的情况下，容积率越高，市场上供给的住宅面积就越多，住宅供应越多，价格就越低。所以，适当提高容积率可以增加住房面积，有效地降低住房价格。对具体土地而言，容积率越高，单位面积房价里面分摊的土地成本越低；反过来看，对相同的土地面积而言，如果容积率越高，开发企业也愿意支付较高的地价，所以容积率与地价呈正相关关系。容积率高，楼面地价就低，开发成本中单位土地成本降低，房屋开发总成本也随之降低。当然，容积率高于一定的限度，房屋施工技术要求提高，在施工技术一定的条件下，会导致由于技术达不到要求而引起的建筑成本上升，因此可能导致总成本反而上升。

容积率的计算采用总建筑面积除以土地面积，各个地区对容积率的规定有所区别，如地下室是否算容积率，一直以来都是地方政府自行规定的，目前存在两种不同的认识：一种认为不应该计入容积率，目的是节约用地，鼓励开发地下空间；另一种认为应该计入容积率，目的是规范房地产市场，防止不良房地产开发商有漏洞可钻。但总的来说，一般都会规定房地产开发项目用地出让后，除因区域或城市重大基础设施、公共设施建设、文物保护需要，或因国家政策因素导致原土地使用权出让合同约定的规划设计条件客观上无法实施的情况外，一律不得变更容积率。房地产开发用地出让后经批准变更容积率的，应以批准变更时日为土地评估基准日，按相同地段新容积率条件下的地价与原容积率条件下的地价的差额补缴土地出让金和有关税费。

2. 土地市场与住宅市场的四象限模型

在土地市场中，对土地的需求来自对住宅的需求，二者关系通过容积率进行调整，地价由土地市场的供求关系相互作用而决定。地价经过房地产企业开发建设后，作为住宅供给价格的一部分出现，并经过房地产市场供求关系的调整，形成房地产的价格。该价格与联动因素共同影响房地产市场需求，而房地产市场需求又会影响土地市场的需求，如此循环，不断重复，构成了土地市场和住宅市场的互动。因此，土地市场与住宅市场的关系，主要表现在以下两个方面：一是房地产价格代表了对房地产数量的需求，而房地产价格决定了对土地市场的需求；二是土地市场的供求作用形成地价，对新一轮房地产价格的大小产生影响。

土地市场和住宅市场的互动机理可以用四象限模型的分析方法进行讨论。设置四象限模型的假设条件如下：土地的价格弹性和房地产的价格弹性保持不变；容积率不变；税率不变；建筑安装成本保持不变。

第Ⅰ象限描述房地产数量与价格的变化关系，体现房地产市场供求关系的变化及均衡状态。S_H表示房地产的供给曲线，D_H表示房地产的需求曲线。第Ⅱ象限描述房地产数量与土地供应量的关系。当容积率不变时，二者的关系为通过原点的一条直线 m（容积率）传递。第Ⅲ象限描述土地供应量与土地价格的关系，体现土地市场中供求关系的变化及均衡时的地价。S_L表示土地的供给曲线，D_L表示土地的需求曲线。第Ⅳ象限描述土地价格与房地产价格的关系，由直线 n（成本加成）传递。在第Ⅰ象限中，已知房地产的价格为 P，当该价格高于房地产的重置成本时，就会形成对房地产的需求 q。在第Ⅱ象限中，房地产的需求 q 在容积率的作用下，转变成对土地的需求量 S。在第Ⅲ象限中，由土地的供给和需求共同决定了地价为 P_L。经过房地产开发建设过程，在第Ⅳ象限中，由地价 P_L转为房地产价格 P。当对房地产的需求上升时，直线由 D_H变为 D_{H1}，先后引起土地供应量 S、地价 P_L及房地产价格 P 和房地产数量变化（见图 3-3）。最

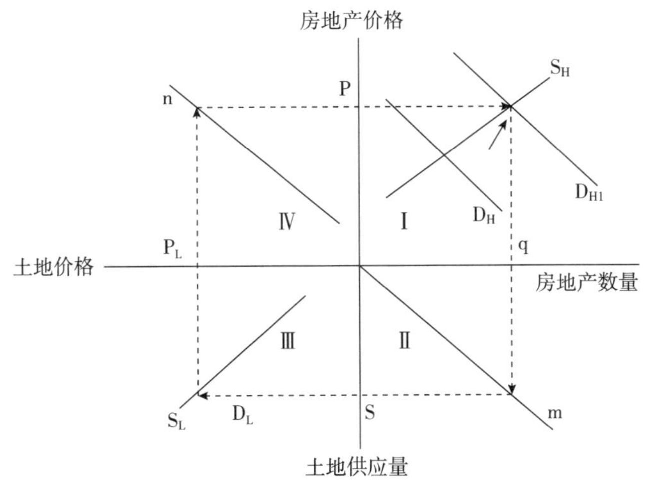

图 3-3　土地市场与住宅市场互动关系

后房地产价格与房地产数量都出现了上升，并处于封闭的循环圈中，房地产市场和土地市场都保持均衡。这里是假设处于均衡状态，实际上，这种均衡只是一种巧合。随着可开发建设用地的减少，土地价格处于不断升高之中，造成了房地产价格的不断升高。价格的升高抑制了需求，会造成高价格与有效需求不足的“滞胀”现象。

当房地产的需求上升时，土地供应量、地价、房地产价格和房地产数量都增大了。因此，当房地产的价格上升时，土地供应量也上升，房地产价格与土地供应量呈正相关系①。

加入容积率因素进行考虑，当容积率下降时，在保持同样住宅供给的前提下，对土地的需求将会上升，土地价格就会上涨，经过房地产开发建设过程，地价转为房地产的价格，导致房地产价格上涨。因此，当容积率下降时，在房地产市场需求不变的条件下，土地供应量、地价和房地产价格均出现上升。反之，当容积率上升时，土地供应量、地价和房地产价格都会出现下降。

因此，土地规制一方面直接作用于房地产业，造成房地产价格、产品结构和房地产业市场结构发生变化；另一方面通过市场土地供应量的变化影响房地产业，发展中的房地产业需要土地开发，而土地所在的地方政府完全垄断造成了地价的不断升高，进而导致房地产价格也不断升高，产品结构和产业市场结构也出现了变化。变化的方向将在第六章和第七章土地规制的影响机理中讨论。

第三节　房地产业对土地规制的应对策略

地方政府对住宅开发用地实施有限供给，造成了两个方面的后果：一是土地价格的不断高涨。地方政府依靠垄断地位，实施土地的垄断定价，

---

① 高丽坤．土地市场与房地产市场关联研究［D］．吉林大学硕士学位论文，2006.

导致土地价格近十几年来一直处于上涨的趋势中，这也提高了房地产行业的进入门槛，许多中小房地产开发企业在土地的竞争中处于不利地位，甚至被淘汰。二是土地供应量的严格限制。土地储备规制的实施使土地的供给有了一个“蓄水池”，“蓄水池”的作用是可以随时调节市场的土地供应量。当市场需要土地时，地方政府会采取相机决策机制，在保证土地收益不降低的前提下，有步骤地向市场供给土地。反之，当土地收益出现减少时，地方政府会采取减少土地供给的措施，提高房地产开发企业之间的竞争程度，促使土地价格回升，以提高土地的收益。

针对土地的规制措施，房地产业中的企业也具有相应的应对策略，对土地规制的应对策略主要体现在以下几个方面：

一是进行集体土地开发建设，向市场提供小产权房。国有建设用地被地方政府完全控制，许多中小开发企业便开始向集体经济组织协议“租用”土地进行开发建设，向市场提供价格较低的产品——小产权房。小产权房由于价格低廉受到市场的欢迎，但其产权登记受到限制，并被认定为非法的住宅产品。小型开发企业难以从地方政府获得开发建设用地，不惜冒险违规采取在集体土地上进行开发建设行动，以缓解开发土地数量有限的困境。

二是控制土地开发数量，增加土地储备。在我国土地用地结构中，建设用地占到了全国土地总面积的 3%，而城市建设用地占到建设用地的 0.33%，土地供给的绝对数量有限。在城市建设用地中，分布的结构是公共设施、基础设施以及政府办公楼等行政机关用地占到了 40%，工业用地占到了 40%，剩下的 20% 中大约有 7% 是划拨经济适用房、廉租房用地，用于经营性的土地只占到 13%，经营性用地既包括商业用地，也包括旅游、娱乐和商品房开发用地①。因此，住宅用地的供给十分有限。大型房地产企业凭借在资金上的优势，不断在有限的土地供给中获得大量的土地，除了部分用地开发建设以外，还有部分的土地被囤积，留待以后开发或者转卖，获得高额的收益。小型房地产开发企业由于土地储备不足，面

① 谢伏瞻，Gregory K. Ingram. 土地制度与住房政策［M］. 北京：中国大地出版社，2008：104.

临被淘汰的风险。

土地规制的执行不力，导致开发企业有动机进行土地储备。虽然我国有闲置土地的回收制度，但执行的结果不尽如人意。土地闲置几年再进行开发现象较多，在 2009 年土地督察中，超过批准期限两年应用未用的土地有 79110 亩，而收回土地仅有 7275 亩，收回的土地占闲置土地的 9.2%。有的待升值后转让获得巨额利益，如 2006 年北京某房地产公司获得工体北路 4 号地块后，并没按期开发建设，而是在 2009 年转让给另外一家房地产公司，在交易中净赚了 4.1 亿元。

迫使开发企业进行土地储备还有一个原因就是土地的稀缺性。规划区内的建设用地数量有限，土地的稀缺性决定了开发企业必须提前进行土地储备，以补充未来的开发土地。如果储备过多，即使不能按期进行开发，稀缺性也决定了土地价格不至于下降，转让土地后依然可以获得高额的收益。

三是转换土地用途，开发工业用地。土地用途的转换，必须满足土地报酬率递增的原理。胡佛认为，在土地的供求结构中土地地租高低决定了土地的支付能力。如果单位面积产生的收益高，地租支付能力就强，这些土地就会处在好位置，占据城市中心位置。次强的地租支付能力就处在次要的位置，一般处在城市次中心的位置，以此类推。单位面积产生收益最低的是农业用地，自然位置距城市中心最远。在现代房地产的开发理论中，城市土地用途的布局也是按照这个原理来安排的，依据距离市中心的远近，依次分布商业、住宅、工业和农业的土地，如图 3-4 所示。

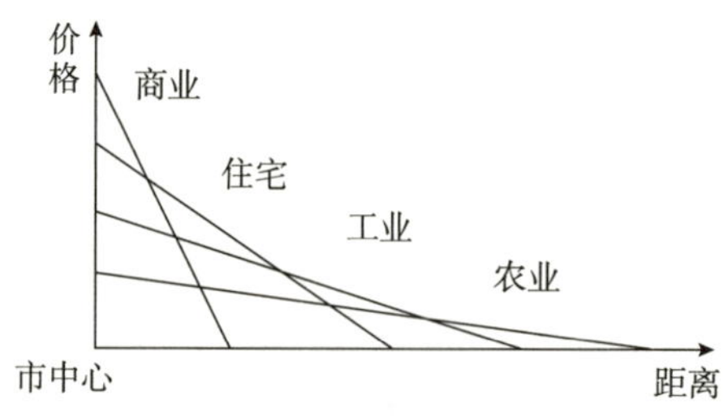

图 3-4　土地的竞价曲线

如果某类用途的土地能够承担更高的租金水平，或者说是能够提供更高的收益，就会导致该类土地被用于能够产生更高收益的土地用途。当一块土地原来是用于工业用地，后来发现如果该类土地用于住宅开发，会带来更高的土地收益，这时该地块就应该转换用途，用于住宅开发。现实情况也的确如此，许多城市中心的工业用地被用于住宅商品房的开发，而工业又不断占取城市与乡村接壤的农业用地。

许多房地产企业根据土地用途转换的原理，纷纷转向购置市中心的工业用地进行房地产开发。我国许多国有企业处在市中心，占有的土地面积是建成区面积的35%左右，由于技术进步和市场经济的发展，很多国有企业的市场竞争力下降，生产经营出现了困难，有的已经处于停产状态，部分国有企业利用改制的机会，充分利用地理区位的优势，成立房地产企业将企业占有的土地转变用途，将工业用地转变为商品房用地进行开发建设，或者转让土地，给有开发实力的企业进行开发建设，以获取企业所需的资金。土地用途的转换，改善了房地产企业土地不足的现状，也盘活了部分闲置的土地资源，促进了土地的合理高效利用，但城市中心的工业用地有限，并不能保证房地产开发企业未来可以持续获得工业用地。

土地与房地产密不可分，从物质实体上看，土地是房地产的重要组成部分。从产权关系看，土地的所有权决定土地使用权，土地使用权决定土地的其他权能和房地产的后续权能关系。因此，土地与房地产的关系决定了从土地规制的角度研究我国房地产业的价格、产品结构和房地产业市场结构具有十分重要的意义。我国房地产业目前处于成长期，特别是在城镇化的发展过程中，需要大量的土地进行开发建设，而土地的地方政府完全垄断决定了供给量的有限性，也导致了土地价格和房地产价格的持续上涨。土地规制对房地产业的作用分为两个方面，一方面是直接对房地产业进行作用，规定房地产业的部分类别产品的价格、产品的结构以及企业的进入门槛；另一方面主要是通过土地市场和住宅市场起作用。房地产业对土地供给规制的应对策略是通过获得集体土地建设小产权房，通过增加土地储备获得后续的开发用地，或者直接转让获得高额的收益，通过转换工业用地获得住宅建设用地，但这种方式不是可持续的发展方式。

第四章
土地规制现状与传导路径

第一节　政府规制的构成

政府规制分为社会规制和经济规制，社会规制主要从环境保护、社会安全、健康等角度对企业活动实施规制，而经济规制是依据产业特点和市场状况，对市场存在失灵等问题进行规制。

一、社会规制

社会规制主要涉及公众的食品安全、健康卫生、资源环境以及教育、文化等方面。传统的规制从公用事业和产品开始，关注的是价格、产出和市场结构，一般只是与单个产业相关，如航空、电力、铁路等。但在生产者和消费者的社会福利方面，却产生了一系列的问题，如食品安全、环境资源等。这些问题不只是一个产业问题，而是整个社会现象，这时经济学家和政策制定者就会针对此类问题进行规制，并把这些规制视为一个独立的系统，称为社会性规制。所以社会性规制是政府为控制（负）外部性和可能会影响人身安全健康的风险，而采取的行动和设计的措施。日本经济学家植草益指出“社会性规制是以确保国民生命安全、防止灾害、防止公害和保护环境为目的的规制”。包括对污染、安全、就业机会、教育等的规制，集中表现为外部不经济和内部不经济两种市场失灵的规制上。社会性规制的目标是保持人们的健康，提高人们的寿命质量和水平。

社会规制不受产业范围的制约，与整个社会的福利密切相关。随着社会进步和生活水平提高，对健康、环境、安全的要求也会提高，特别是新的生物技术、基因技术的发展，各类转基因产品的问世，向社会提出了更高的安全标准。社会性规制的内容分为两大类：外部不经济规制和内部不经济规制，研究如何对付外部不经济的市场失灵；研究如何对付内部不经济的市场失灵。对外部不经济的规制是在受害者和施害者之间不存在契约关系的条件下，对社会的外部性损害的规制，具体来说有产权规制、生态环境保护的规制、自然资源合理利用的规制等；内部不经济是指已经签订了交易合同而在合同中体现的市场失灵。由于各种原因使已经签署的契约关系并没有保证产品质量和工作场所安全，所以需要对这些由契约规定了的产品质量和工作场所安全的隐患问题进行规制。规制可以采取禁止特定行为、对营业活动进行限制、执业资格制度、标准认证制度、信息公开制度、收费补偿制度等方式进行。

社会规制的政策由中央政府和地方各级政府相关职能部门制定，规制对象包括所有的社会行为、社会规范等现象，采取的手段有制定标准、进行资格认证、企业特别规制、收取补偿费用等，目标是为了实现社会稳定和公平，如表 4-1 所示①。

表 4-1　政府社会性规制

规制主体	中央政府和地方各级政府相关职能部门
规制对象	社会行为、社会规范等现象
规制手段	标准、资格认证、企业特别规制、收取补偿费用等
规制的主要目标	实现社会稳定和公平

① 周学荣．政府规制论［M］．武汉：湖北人民出版社，2010：36.

二、经济规制

经济性规制是规制经济学最核心的内容，它与社会性规制既有联系，又有区别，如果把规制对象大致分为经济性活动和非经济性（或社会性）活动，一般认为对经济性活动进行的规制就是经济性规制，对非经济性活动进行的规制就是社会性规制。

经济性规制主要关注政府在约束企业定价、进入与退出等方面的作用，重点针对具有自然垄断、信息不对称等特征的行业。经济性规制主要通过以下几种方式实施：一是对企业进入及退出某一产业或对产业内竞争者的数量进行规制，这一规制可以通过发放许可证、实行审批制或是制定较高的进入标准来实现；二是对所规制企业的产品或服务定价进行规制，也称为费率规制，包括费率水平规制或费率结构规制；三是对企业产量进行规制，产量高低直接影响产品价格，进而关系到生产者与消费者的利益，通过规制可限制或鼓励企业生产；四是对产品质量进行规制，相对于前几种方式，对产品质量进行规制的成本较高，主要包括监督成本、检查成本，由于规制者难以亲自监督产品生产，企业和规制者之间存在信息不对称，规制者对产品质量很难把握，因此实践中这类规制方式较少采用。

政府的经济规制有其特定的目标、内容和手段，与社会规制相比，经济规制更注重企业的生产经营活动，主要目的是促进企业公平竞争，提高生产效率和社会福利水平，规制内容因行业不同而存在差异。手段则是采取行政立法和发布规章等方式，分析政府规制的绩效大部分采取成本收益的分析方法，当可能的收益超出规制成本时，就认为这种规制提高了效率和福利水平，是可行的，反之则是不可行的。现在，这种分析方法在美国遭到了政治力量的攻击，认为不可能所有的政府规制都可以实行成本收益法检验，成本收益只是从经济的角度考虑，而忽视了其他要素，如表 4-2 所示。

表 4-2　政府经济性规制

规制主体	中央政府和地方各级政府相关职能部门
规制对象	市场主体行为、产业部门规范等
规制手段	行政立法、发布规章等
规制的主要目标	维持经济秩序、促进竞争、提高社会福利

三、土地规制的层级关系

我国的基本制度是社会主义制度，我国的根本政治制度和经济制度决定了土地的社会主义公有制，即土地所有权属于国家，使用权属于不同的实际合法使用主体。土地所有权由人民选举的人民代表大会及其常委会制定法律，规定产权关系和利用规范，并由政府代表人民行使，依据我国国家基本制度以及制定法律关系的权限，我们可以将土地规制从上到下分为三个层级。从上到下是指从根本的政治制度和经济制度开始，到由全国人民代表大会及其常务委员会制定的法律，再到地方人民代表大会及其常委会制定的法规、政府及其部门制定的各项有关的土地规章制度，即基本制度层级、法律规制层级和具体规制层级。

1. 土地规制的基本制度层级

我国的基本制度是社会主义制度，土地的社会主义公有制决定了土地的所有制关系是全民所有制和集体所有制。因此，可以将土地规制的基本制度定为土地的社会主义公有制。中央政府作为国家的受托人，具有最高的行政权力，也是土地管理的第一受托人，而地方政府①则是中央政府的授权机构，负责管理地方的土地供给、利用等，实质上是土地的地方政府负责制。地方政府在管理土地的过程中，不得违反中央政府的政策规定。目前我国经济处在转轨时期，土地已经作为重要的生产要素参与生产、分

① 地方政府指的是省、市、县政府，不包括乡镇政府，乡镇政府没有土地的审批权。

配、交换和消费，土地既有消费功能，又有投资投机功能，并与房地产业的生存和发展存在密切的关系，土地的基本产权关系决定了房地产业与土地规制之间存在内在的联系，土地的基本产权关系将成为影响土地规制政策制定和执行的重要参考因素。

基本政治制度决定土地的基本制度，而基本制度影响土地的产权关系，产权关系影响到法律和具体规制的制定。土地的社会主义公有制作为基本制度，对土地具体规制的制定和执行就会产生限制作用，并对房地产业的发展产生重要的影响。本书后面的分析将土地基本制度认定是外生的，即土地的所有制问题是外生因素决定的。这里包含两层含义：一是土地的所有制是基本规制，这种规制是全体中国人经过民主决策方式所选择，并以国家制度的形式公布。二是与土地的法律和其他规章制度相比，土地的所有制是给定的，属于外生变量，不会随着政府的换届和选举而改变。

2. 土地规制的法律层级

法律层面的规制是在基本规制——土地公有制基础上形成的。主要的法律有《中华人民共和国土地法》（以下简称《土地法》）、《中华人民共和国规划法》《中华人民共和国城市房地产管理法》《中华人民共和国物权法》（以下简称《物权法》）等，这些法律是由全国人民代表大会及其常务委员会颁布并实施，处于这一层级的政府规制对土地供给和利用的影响较明显。

这一层级的政府规制严格来讲，既有内生的因素，也有外生的因素，内生因素主要是指这些法律要合时宜，要与一定时期的市场环境相适应，当市场环境发生改变时，就需要修订这些法律，如《土地法》1986 年 6 月 25 日第六届全国人民代表大会常务委员会第十六次会议通过，后又分别在 1988 年、1998 年、2004 年进行了三次修订。修订的原因主要是土地利用的市场环境发生了改变或者社会发展需要新的法律进行规范，如外商投资需要对土地作价，导致原来土地的无偿无期限使用变为有偿有期限使用；随意圈占耕地、破坏农田设施导致对农地使用进行了限制，耕地的占用需按照占用数量分级别进行审批，但在现实中，规制实施的乏力使耕地持续减少，引起了规制者对这一问题的高度关注，并最终导致最严格的耕地保护制度和最严格的节约用地制度的出现，规制措施越来越严格。法律规制的修订，需要经过较长时间的起草、酝酿，反复斟酌后提交全国人民代表大会及其常务委员会讨论，一旦颁布实施即产生较长时间的约束力。反过来说，法律规制在短期内变化是十分有限的，可以认为基本保持不变，政府相关部门的具体规制是依据法律制定，在实施过程中也不得与法律层级的规制相抵触，因此法律层级的土地规制具有长期性和约束性。

3. 土地规制的具体规制层级

具体规制由国务院或其相关部门根据政府的目标、市场情况制定并颁布实施①，目的是纠正房地产市场失灵，促进房地产业健康发展，具体规制涉及的规制范围比较广泛，内容比较丰富，可以是对法律规制的具体规定，也可以是土地供给过程中的操作流程或者房地产开发企业的资质设置等，还可以是国务院部委针对某一特定市场现象制定的条例、办法，甚至包括某一次重大的会议通知、布告和领导人讲话等。如国务院办公厅 2010 年发布的《关于促进房地产市场平稳健康发展的通知》，内容包括增加保障性住房和普通商品住房有效供给、合理引导住房消费抑制投资投机性购房需求、加强风险防范和市场监管、加快推进保障性安居工程建设、落实地方各级人民政府责任等方面。国务院办公厅 2013 年发布的《关于继续做好房地产市场调控工作有关问题的通知》，内容包括要求完善稳定房价工作责任制、坚决抑制投机投资性购房、增加普通商品住房及用地供应、加快保障性安居工程规划建设、加强市场监管和预期管理以及加快建立和完善引导房地产市场健康发展的长效机制。地方政府制定的相关文件也包含在规制中，如 2014 年 8 月 8 日，福建省住房和城乡建设厅发布了《关于促进房地产市场平稳健康发展的若干意见》，包括合理引导住房消费、实行分类调控、落实差别化住房信贷政策、优化市场发展环境、推进保障

① 此处还包括地方政府制定的地方性法规和地方性的部门规章，为了表述的方便，文中统一采用具体政策表述。

性住房建设、鼓励开发绿色住宅、完善土地供应机制、加强市场分析监测等方面意见。2014 年 8 月 20 日，江西省人民政府印发了《〈关于促进经济平稳增长若干措施〉的通知》，全力促进全省经济平稳增长。其中，为促进房地产市场平稳健康发展，要求落实首套房贷款优惠政策，适当降低二套房首付比例。支持商品房库存较大的城市收购符合条件的商品住房，作为保障房和棚户区改造安置住房房源，积极消化库存等。

三个层级的规制是递进关系，下一层级的规制不能违反上一层级的规制，上一层级的规制可以指导和约束下一层级的规制。当上一层级的规制不能适应房地产市场需要影响下一层级的规制时，就需要对上一层级的规制进行修订，形成不同级别土地规制的作用与反作用关系，如图 4-1 所示。

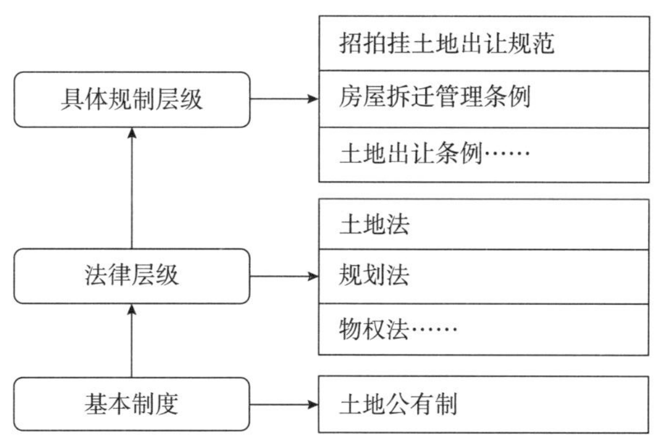

图 4-1　政府土地规制层级关系

在图 4-1 中，土地规制的基本制度是土地的公有制，属于最高层级，决定了法律层级的制定和实施，而法律层级的规制又决定和制约了具体规制层次，形成从上到下的规制制约关系。当经济环境、社会生活发展变迁时，具体政策层级的规制必然能够先做出调整，以适应这种变化，但法律层级的规制则具有相对的滞后性，为了保持上下层级规制的一致性，使法律层级的规制符合社会现实的需要，必然需要对法律层级的规制进行修订，如 1988 年 4 月，第七届全国人民代表大会第一次会议通过了《宪法修正案》，根据该修正案，删去了原《宪法》第十条第四款中“禁止土地出租”的规定，同时在该条款中增加规定“国有土地和集体所有的土地的使用权可以依法转让”“国家依法实行国有土地有偿使用制度”等内容。同时，为适应新形势下土地管理工作的需要，对农村集体建设用地的审批、非法转让土地和破坏耕地的违法行为处罚、处罚程序等内容也进行了修改。1988 年 12 月 29 日，在《中华人民共和国土地管理法》修订中删除了“禁止出租土地”的内容，并增加规定“国有土地和集体所有的土地的使用权可以依法转让”“国家依法实行国有土地有偿使用制度”等内容。1998 年《中华人民共和国土地管理法》又进行了修订，适应了我国土地管理的新形势，对土地管理方式和土地利用方式进行了重大的修改。第三次修订是在 2004 年，修订中进一步明确征地制度内涵，将第二条第四款修改为“国家为了公共利益的需要，可以依法对土地实行征收或者征用并给予补偿”，将其他条款中的“征用”修改为“征收”。

第二节　土地规制的目标和内容

一、土地规制的原因

房地产市场被认为是典型的不完全竞争市场，导致房地产市场是不完全竞争市场的一个重要原因是土地位置的固定性，也就是说，房地产的位置影响房地产市场的供求关系，市场中的供需双方都会考虑到房地产所处的区位，可以说土地的位置不可移动导致房地产市场只能是一个区域性的市场。同时，土地的位置的固定性也决定了对土地的认识有一个从有形到无形的过程，有形是指土地的地形地貌、水文地质、周边的基础设施和交通设施等，而无形是指土地的权利关系，包括土地的所有权、使用权、收益权和处分权。这些权利关系的设定构成了政府管理土地的一种手段，政府完全可以根据需要设定不同的权利界限。因此，在土地处于政府完全垄断的情况下，可以实施不同的规制政策，政府垄断土地并实施规制政策，主要是基于以下几个方面的原因：

1. 自然垄断

土地的自然垄断并不完全等同于传统经济学中所认为的自然垄断，传统西方经济学所称的自然垄断，其理论从产生到发展大概经历了规模经济、范围经济和成本次可加性三个认识阶段，它们各自解释了自然垄断出现和存在的原因。在规模经济的认识阶段，任何企业进行社会生产时，它总会面临生产成本问题。如果企业的单位生产成本相对过高，则其必然会处于竞争的劣势地位；如果企业的单位生产成本相对较低，则它就处于竞争的优势地位。但是，企业的生产成本并不是固定不变的，除了技术等因素的作用，即使在相同的条件下，企业的单位生产成本也可以随着生产总产量的增加而趋于下降，原因在于当企业的总产品不断扩大时，原先的固定成本被逐渐摊薄，这在固定成本投资较大的企业表现得尤为明显。当长期平均总成本随着产量的增加而降低时，规模经济就出现了。当社会对某些行业的长期平均成本的降低速度与幅度提出要求时，这个行业往往就是自然垄断。在范围经济的认识阶段，企业并不仅仅生产或提供单一的商品和服务，往往是多元化经营。如果由一个企业生产多种产品的成本低于几个企业分别生产它们的成本，就表明存在着范围经济。由于单独生产某一产品的企业的单位，产品定价高于联合生产的企业的相应单位产品定价，因此单独生产的企业就会亏损，这些企业或者退出该生产领域或者被兼并，这也会形成垄断的局面。因此美国著名经济学家萨缪尔森与诺德豪斯指出，有着范围经济的产业也可产生自然垄断。对此，我国大部分学者是持相同的观点。从理论上来讲，范围经济很好地解释了产品具有综合性领域存在的自然垄断。成本次可加（也称为成本部分可加性或成本劣可加性）的认识阶段，1982 年美国著名经济学家鲍莫尔、威利格等认为，即使规模经济不存在，或即使平均成本上升，但只要单一企业供应整个市场的成本小于多个企业分别生产的成本之和，由单个企业垄断市场的社会成本最小，该行业就仍然是自然垄断行业，自然垄断最显著的特征应该是其成本的劣可加性，换句话说，就是平均成本下降是自然垄断的充分条件，而不是必要条件，平均成本下降一定造成自然垄断，但自然垄断不一定会导致平均成本下降，只要存在成本弱增性，就必然存在自然垄断。成本的次可加性理论的提出，从理论上进一步解释了自然垄断存在的根源。

所以传统经济学的自然垄断是由于成本的弱增性或者劣可加性，导致一家企业生产比两家企业生产可以获得更高的效率。而这里的自然垄断是指由于土地位置的不可移动性，导致房地产的开发建设只能在某一特定区域范围内进行，这样形成了房地产产品区域性的特点，比如以人们生活的城市为例，当两个城市的住宅价格存在较大差异时，由于人们通常生活工作在一个城市，一般不会因为某个城市的住宅价格较低，就放弃自己原本生活的城市，选择到住宅价格较低的城市生活和工作，或者将自己生活的住宅搬迁到价格较高的城市去，除非是为了投机投资房地产业的需要。

土地位置的固定性和房地产开发的特殊性决定了房地产产品都是异质性的，同一个地方不可能有完全相同的房地产产品，从这个意义上说，房地产都是唯一的、独特的，因此是异质的。加之房屋所处不同区位的自然、社会、经济条件的差异以及建筑物的式样、朝向、楼层、规模、装饰、设备等方面的千差万别，更强化了房地产的异质性，所以说房地产是完全差别化的产品。房地产产品的异质性，意味着能使资源得到有效配置的完全竞争市场不可能存在。房地产与玉米、石油或矿产这样的普通商品具有明显的区别。对于后者来说，商品同质，可以按照数量来进行交易。而对于住宅市场，没有任何两宗物业是完全相同的，产品的差别意味着垄断的存在，产品的可替代性则意味着竞争的存在。如有差别则垄断发生，差别的程度越大，垄断的因素就越大。产品的差别使每一个厂商所提供的产品都是与众不同的，因而，开发商每开发一个小区或一座大厦实质上都成为该物业的垄断者，因此各开发商就拥有对自己的产品一定程度的垄断权，可以在一定程度上决定该产品的价格，这就构成了市场中的垄断价格，但归根结底开发商的这种垄断还是基于土地的自然垄断造成的。

2. 地方政府垄断供给

土地位置的固定性决定了房地产产品的区域性，地方政府是土地一级市场的出让者，土地的供应完全由地方政府垄断，可以随时调节土地的供给量，进而调控房地产产品的供应量。现实中，地方政府垄断土地供应，依赖土地财政，一直是高房价不可推卸的原因之一。全国工商联曾有统计调查显示，整个房价当中有61%的收入归政府所有，其中包括地价与极高的税费。另外，由于缺乏住房保障，对商品房的刚性需求一直居高不下，导致房地产价格在高地价的作用下持续上涨，目前土地价格在房地产价格中占有很大的比重。据分析，土地价格一般占到房地产价格的25%~50%，有的甚至达到60%，地方政府较大比例财政收入的土地化会使其采取相机决策机制，通过控制土地的供给来控制土地价格，获得更多的土地收益。

3. 市场势力

我国自开展土地有偿出让制度以来，经历了一个从无偿划拨到协议定价再到出让获得土地的过程。无偿划拨属于计划经济的产物，按需使用土地的特点决定了土地资源的获得不存在价格的竞争，而协议出让方式是由出让方和受让方就特定地块通过协商谈判而有偿转让土地。在此方式下，由于土地使用权的取得不是通过开发商间的相互竞争来决定，而是由政府与开发商双方私下协商确定，最终谁能获得土地使用权在很大程度上取决于开发商的寻租能力和政府的主观偏好。在这种情况下，一些真正有实力的开发商可能因为拿不到土地而陷入无地可开发的窘境，而一些实力有限的开发商则更是难以拿到土地；相反，一些有政府背景或是善于寻租的开发商则可能圈占大量的土地并成为土地批发商，协议出让方式在2004年前后实行土地公开拍卖制度后予以中止。随之而来的是实行公开实施招拍挂制度，由于土地的固定性、稀缺性和不可再生性，开发商获得了某一地块的开发权后，也就意味着排除了其他开发商对该地块的开发建设。由于土地供给量有限，市场中只有有限的开发商在进行开发。

在市场上土地的稀缺性推高了土地的市场价格，土地价格上涨的过程其实也是房地产开发商进入门槛逐步提高的过程。现阶段土地的获取是采用市场化的方式，即通过招拍挂的出让方式向社会公开竞价，使土地的获取价格动辄上千万元甚至十几亿元、几十亿元，这样的资金量对小型的房地产开发企业而言，是无法承受的。较高的行业进入壁垒将很多中小房地产开发商阻挡在行业外。真正能够参与竞争的都是实力较雄厚的企业，它们多数在市场中处于寡头垄断的地位，可以影响房地产市场的定价机制，并形成市场势力影响房地产价格的走势。

4. 外部性

外部性是指个体行为引起的私人收益影响社会收益的现象。当个体为谋取私人利益可以增加社会福利时，称为正的外部性；反之，当个体为谋取私人利益而降低社会福利时，称为负的外部性。房地产业的外部性体现在两个方面：一是土地产权的虚化，或者说是模糊性导致规制权力寻租，损害社会利益。城市住宅土地实行的是社会主义公有制，人人拥有土地却不是每一个人占有土地。如果将地方政府规制者看作一个理性的经济人，土地公有制导致的产权主体虚化，这会使地方政府在土地出让过程中存在较大的自由度，可以通过更改土地出让的方式和土地利用限制条件等条件，使权力在土地的供给和利用过程中被少数规制者利用，如改变规划、增加土地容积率等行为时有发生，就是因为土地规划和容积率的设定只是给出了一个范围，规制者通过更改容积率的范围达到谋利的目的，土地产权可以确定但虚化使权力寻租现象屡见不鲜。二是土地市场的外部性。影响土地价格市场的因素比较多，以土地价格为例，一般认为土地价格的影响因素可以分为一般因素和区域因素：

（1）一般因素是指影响土地价格的一般、普遍、共同的因素，是在一般社会经济方面对土地价格总体水平产生影响，从而成为决定各土地具体价格的基础。一般因素包括：①行政因素，影响地价的行政因素有土地制度、住房制度、城市规划、地价政策、税收政策、交通管制和行政隶属变更等；②人口因素，包括人口密度、人口素质、家庭人口构成等；③社会因素，包括政治安定状况、社会治安状况、房地产投机和城市化进程等；④经济因素，包括经济发展状况、储蓄和投资水平、财政收支与金融状况、居民收入和消费水平、物价变动和利率水平等；⑤国际因素，包括国际经济状况和国际政治因素。区域因素是指土地所在地区的自然条件与社会、经济条件。这些条件相互结合所产生的地区特性，对地区的地产价格水平有决定性的影响。

（2）区域因素。①位置，包括已确定的土地等级、距城市中心、商业中心或其他人们活动集聚中心的距离及各类中心对城市其他区域的影响程度；②交通条件，主要有区域的交通类型、对外联系方式及方便程度、整体交通结构、道路状况及等级、公共交通状况及路网密度等；③基础设施条件，指上下水、电力、电信、煤气、暖气以及幼儿园、学校、公园、医院等设施的等级、结构、保证率、齐备程度及距离等；④环境质量，包括地质、地势、坡度、风向、空气和噪声污染程度等各种自然环境条件以及居民职业类别、教育程度等人文环境条件；⑤城市规划限制，主要有区域土地利用性质、用地结构、用地限制条件以及区域交通管制等。因此随着城市的发展，公路、铁路、公共绿化广场等的规划和建设都可以对房地产价格产生影响。相反，当在一小区附近增设屠宰场、化工厂、冶炼厂等也会对房价产生负面的影响，房地产价格受外部因素的影响较大。这些都需要政府对土地进行规制。

5. 房地产产品的特性

房地产产品由土地和房屋构成，具有开发过程存在差异、产品位置固定性、产品寿命长期性和开发建设周期长等特点。房屋是建筑工人按照规划和特定设计图纸的要求，通过建筑安装等施工活动建造完成的。由于城市规划的艺术性对房屋外形、结构多种形态的要求，同时，由于房屋的用途各异，由于购房者对房屋性能、结构和内部装饰等千差万别的需求，这些使其不可能像其他工业产品那样，按照同一设计图纸大量大批复制。即使按同一设计图纸建造的住宅，也会因建造时间、地点、气候条件等不同而有所不同，土地是一种自然资源，每一块土地因其所在地的水文地质条件、工程地质条件不同，土地用途的不同，其开发过程也有很大差别。因此，不会存在完全相同的房地产开发经营过程。房地产必须按每栋房屋和每宗土地单件地组织设计、开发和经营，会计核算也要提供各单位建筑产品的成本及其成果。位置固定使房地产又称为不动产，这是因为土地是无法移动的，房屋又依地而建，固定在一定的土地上，很难移动其位置。房产和地产是相当耐久的资产，土地是不可毁灭的自然资源，具有永恒的使用价值，房屋建成后，若无重大自然灾害，其使用期限可达几十年以至上百年。房地产使用寿命的长期性，要求房地产开发建设必须重视工程质量使得房地产开发经营必须进行充分的可行性研究。房地产开发建设要经过可行性研究、勘察设计、工程施工、竣工验收等若干阶段，由房地产企业、建筑安装施工企业、物资供应部门、市政和勘察设计等单位共同协作完成，其开发建设周期比一般工业产品的生产周期要长得多，土地价格逐年增长，每亩地上万元乃至数十万元，每平方米房屋数千元乃至数万元，因此，房地产开发建设需要巨额的资金，且周转率极低，一般均需向金融机构取得长期贷款，这些特点决定了在开发土地时需要对土地有较多的规制和约束条件。

同时，房地产产品也具有较强的抵御通货膨胀的能力，也是较好的长期投资品。在市场预期出现通胀时，就会发生抢购房地产产品的现象。如果人们要进行长期投资，一般也会选择房地产产品，房地产产品不像股票那样，价格表现出短时期内的大幅度涨跌，而是在较长时期内的宽幅变化，具有长期保值增值的特点，造成房地产价格长期宽幅变化的根本原因在于土地的稀缺性、土地位置不可移动性，这就决定了房地产产品具有独一无二性和价值量大的特点。因此房地产产品具有消费和投资的功能，有必要对产品构成要素之一的土地进行规制。

二、土地规制的目标

土地规制的目标与房地产业发展高度相关，土地规制的总目标，是促进房地产业健康发展、不断提高人民的住房水平。具体而言，主要包括三个方面的内容：

1. 解决房地产市场失灵

市场只是资源分配的一种方式，在住房市场领域也存在着市场失效现象。这是因为住房具有居住、庇护、家庭生活、社会交往等诸多使用价值，且具有一定的福利性，而这些使用价值无法在市场上通过价格的形式实现，因此导致了市场在住房分配领域的失灵现象。住房领域的市场失灵集中体现在低收入者居住用房的供给上，主要表现如下：一是低收入者较难获得商业银行的信贷；二是出于商业利益考虑，开发商不会主动提供面向低收入者的住宅。基于此，世界各国都介入房地产市场，通过兴建公共住宅、税费的调节、介入住房金融市场等手段，对其进行干预和调控以实现分配的合理性和公平性。对于普通消费者而言，住房政策的主要作用是如何对住宅市场进行合理引导和适度监管，使居住者能够获得负担得起的住房；对于低收入者而言，住房政策主要作用是通过合理的设计，发挥市场配置与福利支撑的双重效用，保障其正常的住房消费需求。

2. 防范金融风险

房地产实体经济及其衍生的房地产金融等虚拟经济对金融体系有巨大的影响。房地产贷款是银行贷款最重要的组成部分，在大多数发达国家，该比例可达 1/3，有的国家甚至高达 50%。在房地产贷款普遍采用抵押形式的情况下，增加了信用风险的复杂性。在住宅市场中，抵押贷款虽取得优先偿还权，然而银行采用低的抵借比并不一定能覆盖损失。当房价猛烈下跌时，即使该比例最初被认为非常保守，最终也可能变得并不足够，尤其是当高的抵借比与评估日的期望交易价格相联系时。20 世纪 70 年代以来，随着工业化和新兴市场经济国家金融自由化和放松管制，新的金融机构不断出现，并提供低利率的贷款来与现有贷款机构竞争。随着贷款人竞争加剧和房地产业可融资量增大，房地产业潜在投资者数量增大，房价攀升至合理价位以上。当市场存在过度担保和无效监管等风险时，这种扭曲效应更为明显。在发达国家，如美国，住房金融体系发达，且一直视住房贷款为优质业务，忽视了其风险，并受到贷款损失担保的激励，贷款人加大住房贷款业务比例，并不断投资高回报、高风险的项目，承担了过度风险和接受价值高估的抵押房产，一旦资产价格波动过大，必将引发金融危机，美国次贷危机引发的全球金融危机充分说明了这一点。

3. 促进经济发展

与虚拟的股票市场不同，房地产市场是实体经济，房地产业与50多个行业相关，在国民经济中的作用举足轻重。20世纪80年代中期以来，我国房地产业发展很快，速度超过同期GDP增长速度，房地产业增加值占GDP的比重不断提高，目前早已超过5%，为国民经济的支柱产业。房地产对GDP具有极大的带动作用，历史数据表明，房地产对GDP的影响为10%左右。即如果房地产投资降低30%~40%，将导致GDP下降3%~4%。政府可以接受GDP增长放缓，但不能接受GDP增速大幅下滑，GDP增速的大幅度下滑将会带来一系列的经济问题，例如就业率下降、物价不稳定等。因此，保持房地产业的健康发展，对于稳定经济发展大局具有重要意义。本书所研究的规制目标是房地产业中的具体目标，涉及房地产的价格、房地产的产品结构和房地产业市场结构三个方面，使三者处于健康合理的发展状态，即使房地产价格处在普通居民可承受的合理范围内，房地产的产品结构合理能够有效满足不同层次人群的需求，以及使房地产市场处于有效率的竞争状态，以促进有效竞争，提高市场效率。

房地产市场中能够反映出土地规制影响的指标较多，包括供给指标、需求指标和市场交易指标，具体有土地供应量、住宅用地价格指数、房地产价格指数、土地价格指数、土地闲置比例、房价收入比等。文中实证部分的分析，将根据需要选取若干指标进行实证分析。

三、土地规制的手段

按照土地供给阶段划分，我国土地规制主要包括土地的获取、储备整理以及出让等几个阶段。在这几个阶段，规制者采用不同的手段进行规制控制和规制管理。

从土地的供给角度来看，开发企业的土地一般从地方政府出让中获取，而地方政府的土地来源主要有三种方式：一是征收集体土地，由集体用地转化为房地产开发建设用地。二是直接可以出让的城市建设用地。三是经过回收、整理、储备的土地，出让成为建设用地。三种土地出让的方式还需要办理土地的立项、规划、报批等手续，并且受到土地利用总体规划、城市规划和土地利用年度计划的限制。土地供给具体过程如下：地方政府拟对某宗土地进行征收时，会先就土地及房屋价值进行评估，在征地前完成补偿、安置等工作，然后才进行拆迁、收地等工作。征收的集体土地在经过土地储备中心整理以后，要么进入储备中心的土地资源库，要么进入市场出让。没有整理就进入市场出让的土地属于毛地或者生地①，这种直接出让的情况往往出现在土地供不应求、房地产市场处于膨胀时期。对于进入市场买卖但未交易的土地②，地方政府一般会收回土地继续储备，待条件成熟后再进行市场交易或者直接转变用途，变为其他性质用地。

对土地进入市场交易之前，一般会明确土地的用途和使用限制条件。如土地的使用强度、建筑高度、容积率、绿化率、建筑面积、建筑体型等。明确土地的有关基本事项，包括开发项目的性质、规模和开发期限，城市规划设计条件，基础设施和公共设施的建设要求，基础设施建成后的产权界定以及项目拆迁补偿、安置要求③。这样就形成了集体土地的征收—开发整理—土地储备—市场出让的完整土地交易过程。

与土地市场交易过程相对应，土地的规制手段一般会集中在土地的交易和利用上，下面先介绍土地一级开发利用的流程，再以住宅开发为例对土地供给过程中的几个阶段进行规制分析。

土地一级开发是指由政府或其授权委托的企业，对一定区域范围内的城市国有土地（毛地）或乡村集体土地（生地）进行统一的征地、拆迁、安置、补偿，并进行适当的市政配套设施建设，使该区域范围内的土地达到“三通一平”“五通一平”或“七通一平”的建设条件（熟地），再对熟地进行有偿出让或转让的过程。土地一级开发项目必须符合市政府的社

---

① 毛地和生地只是土地开发程度的不同，并没有严格意义上的区分关系。毛地是指土地没有进行过人工后续活动的土地，属于完全没有开发状态，而生地是指有一定的基础设施，但还不具备直接开发利用的条件，需要进行路、水、电等必要基础设施建设方能开发利用。

② 这种情况主要是指市场出现的拍卖价低于保留价、无人竞价等情况。

③ 全国注册资产评估师考试用书编写组．建筑工程评估基础［M］．北京：经济科学出版社，2009：26.

会发展计划、城市总体规划、土地利用总体规划、年度土地利用计划、年度土地供应计划（国有土地不受年度土地利用计划的制约）及土地储备开发计划。土地一级开发的程序大致经过以下几个步骤：一是原土地所有者或使用者在征得区县和乡镇政府或上级主管部门的同意后向市国土局提出土地一级开发申请。二是市国土局受理申请并进行土地开发项目预审。三是通过土地预审的项目，根据项目的性质，委托市、区县土地储备机构负责组织编制土地储备开发实施方案，开发实施方案主要包括待储备开发地块的范围、土地面积、控规条件、地上物状况、储备开发成本、土地收益、开发计划、实施方式等。四是编制了开发实施方案的项目上由市国土局会同市发展改革、规划、建设、交通、环保等部门参加的联审会，通过会审对建设项目土地一级开发的实施方案中土地、产业政策、城市规划、建设资质、交通及环保等条件提出原则意见。五是通过联审会的项目确定土地开发主体。如果土地储备机构负责实施土地开发的，由土地储备机构负责筹措资金、办理规划、项目核准、征地拆迁及大市政建设等手续并组织实施。其中通过招标方式选择开发企业负责土地开发具体管理的，开发企业的管理费用一般不高于土地储备开发成本的2%。以招标方式确定开发企业后，土地储备机构应当与中标开发企业签订“土地一级开发管理委托协议”。如果通过招标方式选择开发企业实施土地开发的，由开发企业负责筹措资金、办理规划、项目核准、征地拆迁和大市政建设等手续并组织实施。招标底价包括土地储备开发的预计总成本和利润，利润率一般不高于预计成本的8%。通过招标方式确定开发企业后，土地储备机构应当与中标开发企业签订“土地一级开发委托协议”。六是土地储备开发实施单位向市规划部门申请办理规划，向市国土部门申请办理用地手续，向市发展和改革委员会申请办理核准手续，涉及交通、园林、文物、环保和市政专业部门的，应按照有关规定申请办理相应手续。七是如果开发项目涉及新增集体土地办理农用地征收、农转用手续或存量国有建设用地收回国有土地使用权的，土地储备开发实施单位依法办理相关手续，并获得市人民政府的批准。八是在取得市人民政府的批准文件后，由土地储备开发实施单位到相关委办局办理征地、拆迁、市政基础设施建设等相关手续。组织实施征地、拆迁和市政基础设施建设。九是组织验收，建设项目的土地一级开发完成后由市国土局组织相关委办局进行验收审核。

因此，在拟决定征收集体土地之前，需要规划出该宗土地的用途，使之符合城市总体规划、土地利用总体规划和年度土地使用计划。在对集体土地实施征收之前，需要确定土地及房屋的价值，·进行价值评估是土地实施征收的必要程序。因此，在集体土地征收之前需要有规划、计划和估价的规制。在土地征收的过程中直至出让之前，则需要有银行、咨询机构参与，以确定土地开发、储备过程中的融资、土地开发用途、使用强度等内容。这时就需要土地有关的金融规制、咨询机构的操作规范规制等。在土地出让过程中，需要缴纳税收①，同时也要对土地收益进行分配，也就有了税收的规制和土地收益分配的规制。因此，土地供给规制的手段主要有规划、计划、估价、咨询、融资、税收、储备、用途、出让以及收益分配等，具体见图 4-2。

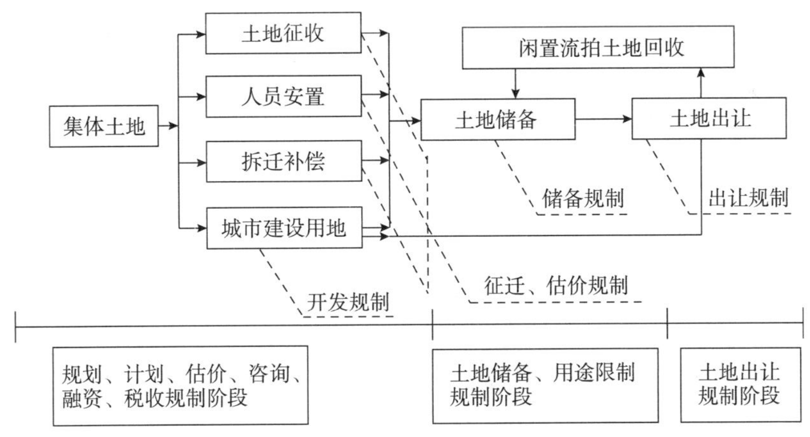

图 4-2 土地供给过程中的规制

① 这里税收需要说明两点：一是土地税收主要在此环节缴纳，并不是说所有的税收都在此环节缴纳，如拆迁安置时的拆迁公司就是在拆迁时缴纳；二是税收还包括费用。目前的税费主要有商业网点建配费、资源费、开发费、工程定额编制管理费、土地使用权登记费、拆迁管理费、规划管理费、契税、交易手续费、新增建设用地有偿使用费、耕地开垦费、土地使用权出让金等。

需要说明的是，土地的出让有可能并不完全按照上述流程进行，实践中，土地的出让过程可能缺少集体土地的征收环节而是直接进行城市土地的储备，城市建设用地也可能未纳入储备而直接出让。

保障性住宅的用地，主要是经济适用房、廉租房、公租房以及其他带有补贴性质的住宅用地。相对于住宅商品房的土地出让规制而言，土地的划拨规制则简单一些。划拨用地是指经过县级以上的人民政府批准，土地使用者无偿得到土地使用权或者是在缴纳相应土地的补偿、安置费用后，无偿得到土地使用权的行为。我国法律对划拨用地进行了严格的规定，只有国家机关、基础设施、重点能源交通水利、军事用地实施划拨以及法律特别规定的土地实施划拨，划拨用地没有使用期限的限制。划拨用地有两种形式：一种是缴纳土地拆迁安置补偿费用后无偿获得的土地。如城市的存量土地被确定为某国家机关用地时，该国家机关在获得土地前，必须先进行拆迁、安置、费用补偿后，才能获得该土地的使用权，而集体土地必须转变为城市建设用地方能办理划拨手续。集体土地的拆迁安置补偿问题，需按照集体土地的拆迁安置补偿有关规定执行①。另一种是直接的划拨城市土地，没有安置补偿等费用，但这类土地仅限于城市已经开发但尚未利用的土地。

保障性住宅用地不需要缴纳土地使用权出让金，并优先给予办理有关手续，同时对税费也有较严格的规定，如《经济适用房管理条例》规定，经济适用房免征城市基础设施配套费和商业网点建设费以及契税，减半征收水电增容费等各种税费，建设管理费控制在征地拆迁安置补偿费、勘察设计和前期费用、住宅小区基础设施建设费和建筑安装工程费之和的3%以下，利润被限制在征收拆迁安置补偿费、勘察设计和前期费、住宅小区基础设施建设费、建筑安装工程费、管理费和贷款利息的5%以下。公租房也有不同程度的政策优惠，如沈阳的公租房实施了一系列的优惠政策，

① 这里区分集体土地拆迁安置补偿与城市土地拆迁安置补偿是因为在现有的房地产估价规范中，对集体土地和城市土地的补偿在估价方法、估价技术路线上完全不相同，即使相邻的两宗土地，一宗是集体土地，另一宗是城市土地，拆迁安置补偿的结果会存在较大的差异，绝大多数情况下集体土地的补偿金额少于城市土地的补偿金额。

对公租房建设用地及公租房建成后占地免征城镇土地使用税；在其他住房项目中配套建设公租房，依据政府部门出具的相关材料，可按公租房建筑面积占总建筑面积的比例免征建造、管理公租房涉及的城镇土地使用税。对公租房经营管理单位建造公租房涉及的印花税予以免征。在其他住房项目中配套建设公租房，依据政府部门出具的相关材料，可按公租房建筑面积占总建筑面积的比例免征建造、管理公租房涉及的印花税。对公租房经营管理单位购买住房作为公租房，免征契税、印花税；对公租房租赁双方签订租赁协议涉及的印花税予以免征。对企事业单位、社会团体以及其他组织转让旧房作为公租房房源，且增值额未超过扣除项目金额20%的，免征土地增值税。企事业单位、社会团体以及其他组织捐赠住房作为公租房，符合税收法律法规规定的，捐赠支出在年度利润总额12%以内的部分，准予在计算应纳税所得额时扣除。对经营公租房所取得的租金收入，免征营业税、房产税。

相对于住宅商品房用地而言，保障房用地少了土地储备环节，用途被限定在特定的范围，因此，保障房土地规制环节没有土地储备和出让，其规制限于规划、计划、估价、融资、咨询、税收等内容。

四、土地规制的主要内容

土地规制的内容比较广泛，主要涉及法律法规、具体政策，各部门颁发的政策条例、会议通知等。本书按照法律规制和具体规制进行阐述。

1. 法律层级规制主要内容

在《中华人民共和国宪法》中，规定城市的土地属于国家所有。农村和城市郊区的土地，除由法律规定属于国家所有的以外，属于集体所有；宅基地和自留地、自留山也属于集体所有。国家为了公共利益的需要，可以依照法律规定对土地实行征收或者征用并给予补偿。任何组织或者个人不得侵占、买卖或者以其他形式非法转让土地。土地的使用权可以依照法律的规定转让。一切使用土地的组织和个人必须合理地利用土地。

在《土地法》中，明确规定了土地的所有权和使用权、土地利用总体规划、计划以及建设用地等情况。如第四条规定：国家编制土地利用总体规划，规定土地用途，将土地分为农用地、建设用地和未利用地。严格限制农用地转为建设用地，控制建设用地总量，对耕地实行特殊保护。使用土地的单位和个人必须严格按照土地利用总体规划确定的用途使用土地。第二十条规定：县级土地利用总体规划应当划分土地利用区域，明确土地用途。乡（镇）土地利用总体规划应当划分土地利用区域，根据土地使用条件，确定每一宗土地的用途，并予以公告。土地利用总体规划实行分级审批，省、自治区、直辖市的土地利用总体规划，报国务院批准。省、自治区人民政府所在地的市、人口在100万以上的城市以及国务院指定的城市土地利用总体规划，经省、自治区人民政府审查同意后，报国务院批准。

《规划法》规定，在城市、镇规划区内以划拨方式提供国有土地使用权的建设项目，经有关部门批准、核准、备案后，建设单位应当向城市、县人民政府城乡规划主管部门提出建设用地规划许可申请，由城市、县人民政府城乡规划主管部门依据控制性详细规划核定建设用地的位置、面积、允许建设的范围，核发建设用地规划许可证。建设单位在取得建设用地规划许可证后，方可向县级以上地方人民政府土地部门申请用地，在得到同意后由土地部门实施划拨，才能使用该宗土地。

在城市、镇规划区内以出让方式提供国有土地使用权的，在国有土地使用权出让前，城市、县人民政府城乡规划主管部门应当依据控制性详细规划，提出出让地块的位置、使用性质、开发强度等规划条件，作为国有土地使用权出让合同的组成部分。未确定规划条件的地块，不得出让国有土地使用权。

以出让方式取得国有土地使用权的建设项目，在签订国有土地使用权出让合同后，建设单位应当持建设项目的批准、核准、备案文件和国有土地使用权出让合同，向城市、县人民政府城乡规划主管部门领取建设用地规划许可证。城市、县人民政府城乡规划主管部门不得在建设用地规划许可证中，擅自改变作为国有土地使用权出让合同组成部分的规划条件。对未取得建设用地规划许可证的建设单位批准用地的，由县级以上人民政府撤销有关批准文件，占用土地的，应当及时退回；给当事人造成损失的，应当依法给予赔偿。

《城市房地产管理法》对土地使用权的出让和划拨做出了较详细的规定，城市规划区内的农用地，必须转为国有土地以后才能出让。没有转为国有土地的集体土地，一律不得出让。土地使用权的出让，还必须符合土地利用总体规划、城市规划和土地年度使用计划，并按照审批权限审批使用土地，其中县级政府出让的土地必须根据省市的土地控制指标使用土地。土地使用权的出让，必须规定出让土地宗地的位置、用途、使用年限以及建筑密度、高度、容积率等限制条件，土地部门同规划、建设、房产等部门共同拟订方案，报有关部门批准后，由县级以上地方人民政府有关部门负责实施。

土地使用权出让的方式由拍卖、招标、挂牌或者双方协议的方式进行。对商业、旅游、娱乐和商品住宅用地，必须实施市场竞价的方式进行，即实施招拍挂的出让方式，在不具备竞价方式的情况下，可以采取双方协议的方式。对采取双方协议方式出让的土地，土地使用权出让金不得低于国家规定的标准，土地使用权出让最高年限为 70 年。土地使用权出让，应当与县级以上人民政府的土地部门签订书面合同，约定土地出让金交付的方式、出让面积等事项。土地使用者严格按照土地出让合同足额交付使用权出让金，逾期未按时缴纳出让金的，土地部门可以解除合同并要求赔偿。相反，土地部门也应该在规定的时间，以规定的方式移交土地使用权，并办理相关手续。由于土地部门的原因导致不能正常使用土地的，可以追究土地部门的违约责任，但不可抗拒力引起的除外。对土地用途的变更，必须报土地管理部门、规划部门和计划部门等有关部门批准，重新签订土地出让合同，补缴相应的土地使用权出让金，否则不得进行土地开发和建设。

《物权法》规定建设用地使用权人对出让的土地享有占有、使用和收益的权利，有权利用该土地建造建筑物、构筑物及其附属设施。建设用地使用权可以在土地的地表、地上或者地下分别设立。新设立的建设用地使用权，不得损害已设立的用益物权。设立建设用地使用权，可以采取出让或者划拨等方式。工业、商业、旅游、娱乐和商品住宅等经营性用地以及同一土地有两个以上意向用地者的，应当采取招标、拍卖等公开竞价的方式出让。严格限制以划拨方式设立建设用地使用权，采取划拨方式的，应当遵守法律、行政法规关于土地用途的规定。采取招标、拍卖、协议等出让方式设立建设用地使用权的，当事人应当采取书面形式订立建设用地使用权出让合同。

2. 具体规制的主要内容

具体规制涉及到土地供给和利用的各个方面，内容广泛，涉及土地的用地结构、公房出售、闲置土地处理、土地出让程序、征收拆迁、补偿安置、土地督察等问题。主要有《国务院关于深化改革严格土地管理的决定》(2004)、《国务院办公厅关于清理整顿各类开发区加强建设用地管理的通知》(2003)、《国务院办公厅关于深入开展土地市场治理整顿严格土地管理的紧急通知》(2004)、《土地利用年度计划管理办法》(2006年修订)、《已购公有住宅和经济适用住宅上市出售土地出让金和收益分配管理的若干规定》(1999)、《国土资源部关于已购公有住宅和经济适用住宅上市出售中有关土地问题的通知》(1999)、《关于加强城市建设用地审查报批工作有关问题的通知》(2003)、《关于加强土地供应管理促进房地产市场持续健康发展的通知》(2003)、《中华人民共和国城镇国有土地使用权出让和转让暂行条例》(1990)、《划拨土地使用权管理暂行办法》(1992)、《城市国有土地使用权出让转让规划管理办法》(1992)、《划拨用地目录》(2001)、《征用土地公告办法》(2001)、《招标拍卖挂牌出让国有土地使用权规定》(2002)、《协议出让国有土地使用权规定》(2003)、《国土资源部关于完善征地补偿安置制度的指导意见》(2004)、《最高人民法院关于审理涉及国有土地使用权合同纠纷案件适用法律问题的解释》(2005)、《土地开发整理规划管理若干意见》(2002)、《省级土地开发整理规划审批暂行办法》(2003)、《（省级土地开发整理规划审批暂行办法）土地调查条例》(2008)、《国务院关于加强土地调控有关问题的通知》(2006)、《国务院关于严格规范城乡建设用地增减挂钩试点，切实做好农村土地整治工作的通知》（2010）、《国有土地上房屋征收与补偿条例》（2011）、《国务院办公厅关于进一步做好房地产市场调控工作有关问题的通知》（2011）、《国土资源部关于切实做好 2011 年城市住房用地管理和调控重点工作的通知》（2011）、《住房和城乡建设部关于进一步推进住房城乡建设系统依法行政的意见》（2011）、《国务院办公厅关于保障性安居工程建设和管理的指导意见》（2011）、《国土资源部关于做好 2012 年房地产用地管理和调控重点工作的通知》（2012）、《闲置土地处置办法》（2012）、《住房和城乡建设部关于鼓励民间资本参与保障性安居工程建设有关问题的通知》（2012）、《国土资源部、住房和城乡建设部关于进一步严格房地产用地管理，巩固房地产调控成果的紧急通知》（2012）、《财政部办公厅、住房和城乡建设部办公厅关于报送保障性安居工程有关情况的通知》（2012）、《住房和城乡建设部办公厅关于贯彻实施〈住房保障档案管理办法〉的意见》（2013）、《国务院办公厅关于继续做好房地产市场调控工作的通知》（2013）、《住房和城乡建设部关于进一步加强国有土地上房屋增收和补偿信息公开工作的通知》（2013）、《国土资源部办公厅、住房和城乡建设部办公厅关于坚决遏制违法建设、销售“小产权房”的紧急通知》（2013）、《住房和城乡建设部、财政部、国家发展改革委关于公共租赁住房和廉租住房并轨运行的通知》（2013）、《财政部办公厅、住房和城乡建设部办公厅关于报送城镇保障性安居工程有关情况的通知》（2013）、《住房和城乡建设部关于做好 2014 年住房保障工作的通知》（2014）、《国土资源部关于推进土地节约集约利用的指导意见》（2014）等（2002 年 5 月至 2014 年 4 月土地规制政策见附表 3）。

这类规制政策属于最低层级，也是国务院及相关部门针对土地市场具体情况而采取的带有时效性的规制措施，这类规制的特点是根据市场环境制定相关的规制，规制的单位可能是国务院，也可能是国务院的相关职能部门，还可能是一次会议发布的通知或者决议。一般认为，这类土地规制是内生于房地产市场，完全根据市场环境采取的规制政策，规制的时效性和针对性是其突出的特点，往往适用于短期的市场规制目标，产生的效果也较明显。如对廉租住房、经济适用住房相应的税收优惠政策规定在《财政部、国家税务总局关于廉租住房、经济适用住房和住房租赁有关税收政策的通知》（财税［2008］24号）中有体现，如果文件规定廉租住房、经济适用住房相关的新的优惠政策自2007年8月1日起执行，文件对外公布时间晚于文件生效执行时间，原已按规定已征税款的，允许在以后应缴税款中抵减。对公共租赁住房建设相应的税收优惠规定在《财政部、国家税务总局关于支持公共租赁住房建设和运营有关税收优惠政策的通知》（财税［2010］88号）中有体现，政策自发文之日起执行，执行期限暂定三年，政策到期后将根据公租房建设和运营情况对有关内容加以完善。也就是说，此政策税收优惠期为2010年9月27日至2013年9月27日。

第三节　土地规制的传导路径

土地规制的实施效果，不仅取决于政府规制的制定、执行，还有土地规制的传导路径。因此，有必要对政府土地规制传导的内涵、传导要素的构成、传导的路径进行分析。

一、土地规制的传导内涵

规制是政府干预市场的手段之一。政府对经济的介入，一方面是采取宏观调控的方式，运用宏观规制政策工具改变市场参数，通过市场影响企业，但仅有宏观调控是不够的，因为现实经济中还存在着许多不重视社会利益的企业决策与行为，需要政府直接介入，所以政府对经济介入的另一方面是依照法律规制对有关企业行为进行规制。政府规制本身也是一个矛盾的统一体，每一个对市场交易一方进行制约的规制行为对另一方都具有相等或相反的效果。但同时，为避免规制的失效，政府也会规范自身的规制行为，确立和强化对规制者的规制。在规制活动中，自主裁量权的存在，使规制者有可能滥用职权，不按经济福利最大化原则规范行事，而是出于某一利益集团的利益，或凭主观意愿行事。因此要确立和强化对规制者的规制，保证规制者将消费者和企业双方的利益最大化作为行动基准，使规制保持应有的科学性和合理性。土地规制作为政府规范市场的众多规制之一，也符合其中的道理。

土地规制主要是指对土地开发、征收、利用的规范和限制，也包括对规制部门某些行为的规范和限制，通过控制和规范规制者在内的市场主体行为，进而调节土地市场乃至房地产市场出现的偏差，纠正房地产市场失灵现象。因此，土地规制的传导路径是指土地规制如何传递到被规制对象，达到限制规制对象行为的目的，使土地规制在调整土地市场和房地产市场的主体利益关系，纠正房地产市场失灵，促进其在房地产业健康发展过程中发挥应有的作用。土地规制的传导存在两种含义，一是土地规制作用于市场主体中的传导；二是监督土地规制实施的规制传导。本书研究的重点将放在土地规制作用于市场的传导。

二、土地规制传导要素构成

土地规制的传导需要一定的要素才能起作用，土地规制需要参与的要素有主体和客体，同时也需要主体和客体之间的相互作用关系才能传导。

1. 主体

土地规制的主体是土地规制的制定者、执行者和接受者，有中央政府、地方政府、中介机构、开发企业以及购房者。中央政府和地方政府是规制的制定者，依据经济发展和市场状况制定规制政策，并将规制政策委托给下一级政府执行。地方政府是土地规制的代理人，土地规制的执行主要依靠地方政府，地方政府对土地规制执行负有主要责任。中介机构、开发企业和消费者是规制的接受者，按照政府制定的规制要求从事经济活动。

2. 客体

客体是规制内容。基本制度和法律层级的规制在一定的时间内不会轻易发生变化，具有一定的稳定性。政府及其相关部门制定具体规制，主要有各种管理办法、通知、决定、会议讲话以及规范文件等。这些规制相对于基本制度与法律层级的规制而言，时效性较短，且主要是根据市场出现的失灵情况制定，当颁布和决定实施新的政策措施时，原有的与之相抵触的政策措施就会同时废止，客体上具有时效性。

3. 作用关系

主体、客体之间相互作用的过程，是规制得以顺利执行的过程。这里可以分为三类：一是政府之间的强制性作用关系，中央、省、市、县、乡镇之间依靠上下级之间的行政管理权限进行，下级不得违反上级的规定。二是市场主体之间的博弈关系。开发企业、消费者和地方政府之间，按照规制要求，遵循市场规律行事。需要特别说明的是，地方政府既是规制的制定者、执行者，又是市场的参与者，双重“身份”的特点会使土地规制的执行出现偏差，规制效果不明显。三是土地规制的限制性关系。从政府与市场的关系角度看，政府制定的规制，除了有约束自己的行为外，还有规范市场主体的行为，也就是制定规制后，在市场中执行时会导致市场主体行为的变化，影响市场效果。

从另外一个角度讲，土地规制主客体之间的作用应该能够体现规制的依据、适度和执行力三个方面：政府规制依据的内在要求就是要确立是否存在政府规制的正当理由，或是否出现了需要政府出面来进行修补的市场失灵与违反社会公共价值体系的行为，即确立政府规制存在的经济的或非经济的正当性；是否存在政府规制的法律根据，是否已建立健全了完善的规制法体系。由于政府规制的内在矛盾，必须明确政府对土地进行规制的边界，政府不该规制的应予以放开，该由政府进行规制的，应当强化，即放松规制与强化规制并重。政府规制失灵是由于政府为了克服市场失灵而采取了各种公共政策，并辅以行政管理和法规等规制约束，而在实际运行过程中，这些政策和法律的实施往往会出现事与愿违的结果，进而导致社会经济效率的低下和社会福利的损失，因此需要政府的规制有合理的边界。规制最终需要政府来落实，执行是政府规制的关键，无力执行的规制对市场失灵没有任何作用，而且还会损害政府的形象与信誉。我国现有的政府土地规制部门庞杂、规制主体众多，许多房地产开发企业行为受到多个政府部门交叉规制，使得规制机构大多在执法中缺乏权威和效率。

三、土地规制的传导路径

依据政府规制的作用机理，实施土地规制的路径可以分为两类：一是行政命令方式；二是市场传导方式。行政命令方式是纵向的传导关系，由中央政府制定规制并委托省级政府执行，省级政府也可以制定规制连同中央政府的规制委托给地市级政府执行，而地市级政府也可以采取与省级政府同样的方式将规制委托给县级政府，县级政府以同样的方式将制定的规制连同上级政府的规制委托给乡镇政府执行，采取行政命令方式将土地规制进行委托，直到最后执行的机构。越往下级机构，土地规制执行的成分越多，规制制定的成分越少；越往上级机构规制制定的成分越多，执行的成分越少，其关系如图 4-3 所示。

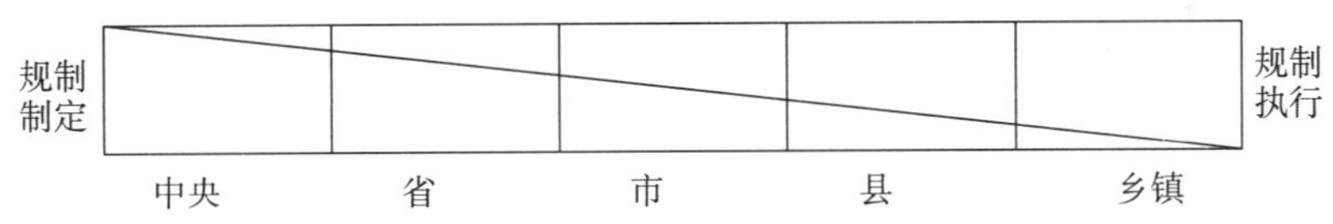

图 4-3 中央政府和地方政府在规制制定与执行中的关系

政府行政命令的规制传导具有如下几个特点：一是行政命令执行力强。这样的规制路径比较适合中央集权的国家，如韩国、新加坡等。我国是高度中央集权制国家，地方政府在行政上接受中央政府的领导，决定了政府主导的规制在我国占据主流地位。二是传导路径具有刚性，不得随意变更，土地规制从发布到实施干扰因素较少，执行的效果较明显。三是行政命令没有考虑到市场的自我调节和恢复功能，对市场的冲击往往较大，由于土地的政府控制、市场信息的不对称等因素，会造成土地市场受到冲击，房地产价格出现较大的波动。四是对各级地方政府的执行力要求较高，如果地方政府有利益参与其中，则规制执行效果就会受到影响。

市场传导方式比行政命令传导方式复杂。中央或者地方政府的规制直接作用于市场，引起市场土地在供给总量、结构、用途等方面发生变化。在市场中规制政策的约束会使市场主体在出让方式、供求关系中做出决策，按照收益最大化原则采取行动，并针对市场信息的变化调整自己的行动策略。

市场传导方式的主要特点：一是市场传导过程与市场化程度高度相关。没有市场众多的参与者，土地规制的传导就不可能实现，如在土地招拍挂市场，参与者可以提高市场价格的透明度，缩小权力寻租的空间，这也是政府实施招拍挂政策的原因之一，在当今世界实行市场经济的发达国家，大部分采用市场传导土地规制的方式。二是对市场化程度要求较高。土地的供给形成土地的一级市场和二级市场，如果市场化程度不高，会使土地规制在流转过程中受阻，难以实现土地的合理流转。三是要求市场主体对市场信息较敏感，对市场中的信息能够及时甄别、筛选、加工成有用的信息，并依据信息做出自己的决策。否则，就会导致规制政策的滞后效应，并且规制长时间不被执行也会导致规制的失效。四是要求规制者对市场具有预期判断能力，一项规制的出台和运行，需要依靠市场的传递效率，如果不能对市场的运行特点、效率和政策的预期效果进行预测，就会使规制公布以后执行效率太低，影响规制政策的效果。

我国的土地规制分为基本规制、法律层级规制和具体规制层级规制三个层次，其效力从前到后依次减弱，下一层级的规制不得违反上一层级的规制。土地规制的原因是因为存在政府垄断、自然垄断、外部性等。规制的目标是为了保持房地产价格、产品结构和产业市场结构的合理性，使价格在普通居民可承受的范围之内，并可提供多种住宅类型，保持市场处于竞争状态，以提高市场效率。规制手段采用计划、规划、储备、估价等，内容则涉及土地的供给、土地使用、土地交易、土地税收等方面。土地的传导路径有政府行政传导和市场传导两种方式，两种方式各有其特点，行政传导执行力强、速度快、效果明显，而市场传导对市场化程度要求较高，效果的显现要有一个过程。

第五章
土地规制实施过程中不同主体行为分析

在现有制度安排下，土地规制的两种传导方式都是通过地方政府起作用，而地方政府的行为由于受利益驱使，会出现不同程度的偏差，导致规制效率下降，影响土地规制的执行效果。除此之外，中央政府、开发企业以及土地的实际占用者都是市场的主体，受市场规制的约束。

我国是工人阶级领导的、以工农联盟为基础的人民民主专政的社会主义国家，社会全体公民的根本利益是一致的，20 世纪中叶的奋斗目标是基本实现社会主义现代化，把我国建设成为富强、民主、文明、和谐的社会主义国家，综合国力和国际竞争力明显增强，基本实现工业化，建成完善的社会主义市场经济体制和更具活力、更加开放的经济体系。城镇人口的比重较大幅度提高，工农差别、城乡差别和地区差别扩大的趋势逐步扭转。社会保障体系比较健全，社会就业比较充分，家庭财产普遍增加，人民过上更加富足的生活。这一切都源于我国根本的政治制度，保证从中央政府到基层政府总体上能够一以贯之执行各项规章制度，但它们之间还是存在利益关系，因此本书拟从中央政府、地方政府、开发企业和土地实际占用者等主要行为主体进行分析，探究不同主体在行政命令和市场传导机制下的博弈行为。土地规制的实施过程是一个动态的博弈过程，为了便于分析，本书在分析市场主体博弈时，主要采用静态的方法，分析结论并不会受到影响。

第一节　不同主体的行为阐释

在早期的西方规制经济学中，政府作为一个单一的规制制定者和执行者，其存在的前提是为了提高社会福利水平和社会利益，具有公正人的性质。为了公共利益的需要，政府对市场失灵、垄断以及外部性等各种问题进行规制，以纠正市场在资源配置中出现的偏差，促进经济的发展。中央政府和地方政府之间在权力分布上存在一定的差异，但管理土地的方式方法没有实质性的区别，后来在俘虏理论中，又将政府作为为利益集团服务的政治组织。而我国政府是单一的中央集权制，由于利益的不同和权力的限制，中央政府和地方政府的规制目标函数存在一定的差异，它们有各自的行为策略和约束条件，中央政府需要在权衡各方利益基础上做出规制决策，而地方政府在不违反中央政府的前提下，制定适合本地方的规制政策，也即中央政府的决策是从整体性、全局性的角度制定规制，而地方政府则是从本地区的实际情况出发制定规制。作为独立的行为主体，在当前的体制下各级地方政府的目标函数、行为策略存在着相似性。为了便于分析，将省、市、县、乡镇政府统一称为地方政府，不再区分它们之间的不同。

一、中央政府

1. 中央政府的定位

中央政府是最高的行政机关，在联邦制国家，即称“联邦政府”。中央政府的作用是负责全国事务，如负责国防、外交以及代表本国和其他国家签署条约等。我国中央政府是代表国家行使国家权力的机关，体现全国人民的意志，在政府的各项规制中，应该以全国人民的根本利益为行动的最高目标。体现在宏观经济目标中就是保持持续均衡的经济增长、实现充分就业、保持物价水平稳定、实现国际收支平衡，提高人民的生活水平。在房地产业中，中央政府的规制目标是基于全国的房地产市场，根据2013年2月国务院办公厅发布的《关于继续做好房地产市场调控工作的通知》(国办发［2013］17号文)，要求其调控主要内容是认真落实省级人民政府负总责、城市人民政府抓落实的稳定房价工作责任制。继续严格实施差别化住房信贷政策。充分发挥税收政策的调节作用，引导住房合理消费。科学编制年度住房用地供应计划，保持合理、稳定的住房用地供应规模。加强市场监测和研究分析，及时发布商品住房建设、交易及房价、房租等方面的权威信息，引导社会舆论，稳定市场预期。加快研究提出完善住房供应体系、健全房地产市场运行和监管机制的政策框架，推进房地产税制改革，完善住房金融体系和住房用地供应机制，推进住宅产业化，促进房地产市场持续平稳健康发展。因此中央政府的规制目标是稳定房地产市场，促进房地产业健康发展。

2. 中央政府的行为取向

既然中央政府的目标是服务于整个社会和经济发展，接受人民选出的代表组成的权力机关的委托，管理各项事务，那么其行动的宗旨是提高整个社会的福利水平。一方面，按照所接受的委托管理国家事务，对最高权力机关全国人民代表大会及其常务委员会负责；另一方面，又根据自己的目标制定具体的规制政策，要求地方政府执行，由地方政府代表中央政府行使各项权力。因此其行为存在两个方向：一是忠实履行接受委托事务，制定正确的规制以促进经济增长，提高人们的生活水平；二是将制定的规制委托给地方政府，对地方政府履行的职责进行监督，确保规制政策能够得到贯彻执行。

3. 中央政府行为的约束条件

在公共利益理论中，政府规制因公共利益需要而存在，政府依靠强制权，制定并执行规制政策。如果制定和执行的规制政策明显偏离公共利益和公众需要，就会遭到公众的反对，就会对政府投出不信任票，这是政治家们所不愿看到的结果。同时，从规制的俘虏理论来看，可以将政府规制的制定权和强制执行权看作一种资源，这种资源是政府这一特殊利益集团参与博弈的资本。在参与博弈过程中，规制的制定部门为了自身利益的需要，制定的规制政策往往含有寻求部门利益的内容，这时制定的规制政策在为部门谋取利益和为公众谋取利益存在一条隐性的界线，对规制政策属于为谁谋取利益，取决于三个要素：一是多而分散的民众认识水平；二是不同利益集团的利益取向的一致性；三是被瓜分利益集团对利益受损的容忍程度。如果多而分散的民众认识水平有限，并没有认识到有些规制政策对自己的损害，政府部门和产业部门就不会遭到民众的抵制，就有机会结成同盟，共同制定带有利益取向的政策规制，来侵占多而分散的民众利益，进而促使社会福利向产业集团和政府部门倾斜。在政府部门与产业部门结成的利益同盟中，如果他们在共同利益上是趋于一致的，对土地规制的实施就可以实现“双赢”，此时产业部门实际上已经将政府部门俘虏，使规制政策有利于这种利益同盟，损害多而分散的利益集团利益。如近些年有一种言论认为房地产业已经绑架政府，实质上是有的房地产业的利益集团已经俘虏了某些规制的制定者和执行者，并构成了利益同盟来损害消费者的利益。同时，在一个集团瓜分另一个集团的利益时，还要看被瓜分利益集团的容忍程度。如果被瓜分利益集团有足够的财富被瓜分，则可以延长瓜分的时间；反之，如果没有足够的财富，则这种瓜分的时间较短，前提是被瓜分利益集团要有足够的容忍程度，如果有足够的容忍度，以至于在透支未来几十年的财富情况下仍被迫接受限制和约束，则政府被俘虏的程度就可能更强，利益集团与政府同盟交结更紧密，规制政策也就越容易被扭曲和利用。

中央政府的行为受到目标函数的制约，即制定的土地规制政策应该符合广大民众的愿望和中央政府的经济目标，代表中央政府的各部委虽然有自己的部门利益和社会利益之分，但在制定规制时，仍然受到民众期望和政府目标的限制。同时，还受到实践检验的约束，如果政府部门制定的规制在实践中屡次失效，致使土地规制的政策屡次受挫，将在很大程度上影响政府权威和公信力，这也是中央政府不愿看到的结果。所以，中央政府行为受到民众的愿望和政府目标的制约。

二、地方政府

1. 地方政府的定位

国外学者对我国转型中的政府有诸多的研究，Jean Oi. 将地方政府看作是“地方法团主义”，认为地方政府从本质上讲是一个团体，是带有社会服务功能的组织①。Andrew G. Walder 将地方政府看作是有自身利益的利益集团，即政府的企业化②。而国内学者李俊丽认为，地方政府是由中央政府依法设置的，治理国家或部分地区某些社会事务的组织③。因此，从研究的结果来看，我国地方政府是具有社会服务功能的、带有经济利益的组织。地方政府的特殊性也在土地关系中得到体现，土地关系的特殊性是由产权关系的特殊性决定的，地方政府的特殊性表现在以下几个方面：

（1）土地产权主体的模糊性导致地方政府权力边界难以界定。土地的国家所有制使全体中国人都成为土地的所有者，而国家以委托人的身份将土地委托给中央政府管理，中央政府再将土地委托给地方政府进行管理。这一正式的制度安排将原本只是一个土地代理者的地方政府，变成土地的实际控制者，土地产权关系明晰但主体缺位。地方政府在执行中央政府规制和在制定并执行本级政府及人民代表大会制定的规制过程中，拥有了对土地的控制权。1994 年实施的分税制改革，理顺了中央与地方的财政分配关系、建立了规范的财政运行机制、保证了中央和地方财政收入的稳定增长、增强了中央财政调控能力，使中央取得更大的财源。但也应该看到，分税制后由于经济发展水平的差距导致地方政府的财力在地区间的不均衡程度加

① Jean Oi. The Role of the Local State in China's Transitional Economy：China's Transitional Economy ［M］. Oxford University Press，1996.

② Andrew G. Walder. Local Governments as Industrial Firms：An Organization Analysis of China's Transitional Economy ［J］. American Journal of Sociology，1995，101（2）：263-301.

③ 李俊丽. 城市土地出让中的地方政府经济行为研究［D］. 西南财经大学博士学位论文，2005.

剧①，体现在对土地产权的划分上，更是强化了地方政府对土地的控制力。

地方政府对土地的控制力体现在土地的规划、计划、用途限制、拆迁、农用地征收、出让方式以及税收等方面，对土地的供给和利用拥有绝对的权力使地方政府制定和执行规制的自由度越来越大。如近几年不断发生的拆迁“自焚”事件多有政府拆迁部门介入。2010 年 8 月在国土资源部公布的 1457 宗闲置土地中，由于政府原因造成的土地闲置达 849 宗，占总数的 58. 2%。而在 2009 年 12 月国土资源部曾公开挂牌督办 9 省 18 宗应该收回的房地产开发闲置土地，在 2010 年 4 月进行核查时，仅有 2 宗计划收回，比率仅占 11%②，可见地方政府在处理违规土地问题中，具有了更大的自由度，行为边界界定比较困难。

（2）土地规制制定与执行的一体化导致政府行为异化。地方政府是中央政府规制的执行者，同时，各个地方政府在不违反中央政府规制的前提下，有权制定本地区的有关规制政策。这样就会导致土地规制的制定者与执行者属于同一主体。在规制俘虏理论中，政府被看作一个利益集团，在制定和执行规制过程中，存在自身的利益，容易被强势一方的利益集团俘虏，随着时间的推移，制定的规制会越来越有利于利益的强势方，并最终与强势利益集团结成合谋。

地方政府在集土地规制的制定权和执行权于一身以后，先天的“经济人”角色与开发企业会在土地收益上达成一致，制定和实施的土地规制有规避、曲解甚至故意设置陷阱的激励机制，为地方政府和开发企业谋取利益。同时，由于土地市场发展的不完善，土地一级市场、二级市场信息在开发企业、地方政府和购房者之间存在不对称，直接导致地方政府在制定规制时，出现有助于本利益集团的规制。当然，地方政府可以以信息不对称为理由，人为制定符合部门利益的政府规制，以获得好处。这种控制权和利益获取好处一旦结合在一起，就会扩大政府滥用公权力的可能，成为损害公众利益的渊薮。

---

① 宋兴义．地方政府间财政分配关系走向分析［J］．内蒙古社会科学，2005（3）：105-108.

② 华落，王琦．第一财经日报［N］. http：//finance. sina. com. cn/g/20100810/07568452249. shtml，2010-08-10.

（3）政府目标的多重性冲突决定了规制政策执行不畅通，地方政府不仅要执行上级政府的政策法令，还要实现本级政府提出的目标。地方政府的目标体现：一是执行上级政府的政策法令，完成上级政府下达的任务。二是结合上级政府的目标，制定本级政府的目标，并将目标传导给下级政府执行。地方政府的目标有经济目标和行政目标，经济目标是促进当地经济增长，控制物价，实现充分就业，不断提高人们的生活水平。行政目标是保证政府的高效运转，保证上级政府和本级政府的政令能够得到很好的贯彻执行，但在具体执行过程中，会存在政策的矛盾，如在降低房价和控制投资规模中，存在两难决策的现象。根据供求原理，要降低房地产价格，必然要增加供给，而增加供给就需要增加土地供应，扩大投资规模，这与控制投资规模相矛盾。政府一般在权衡矛盾后，采取了以房地产价格上涨为代价，换取投资规模的过度扩张。2008 年以前，为了抑制房地产价格的过快上涨，政府连续多期实施加息政策。但在金融危机爆发时，国家为了不使经济增长出现过度下滑，采取了宽松的货币政策，又连续多次降息，出现了多次加息和降息同时集中在两个时段出现，说明在房地产价格和经济增长的两难决策中，政府选择了保增长。

2. 地方政府的双重性

地方政府一方面要作为规制的制定者和执行者，维护社会的公平和公正，另一方面又存在部门利益和私人利益，即存在“社会人”与“经济人”和组织主体与个人主体的双重性。

（1）社会人与经济人。在政府职能中，根据诺斯的制度变迁理论：“在使统治者的租金最大化的所有权结构与降低交易费用和促进经济增长的有效体制之间，存在着持久的冲突。”① 政府存在两种激励行为，第一种行为是努力降低社会交易成本，促进经济发展，实现社会的公平，这是地方政府的本质职能，即作为社会利益的公共管理者，站在社会利益的角度，努力降低社会交易成本，提高社会效率，充分发挥公正人的角色，具

① ［美］道格拉斯·C. 诺斯. 经济史中的结构与变迁（中文版）［M］. 上海：上海三联书店，1992：25.

备中央政府派出机构的“社会人”属性。第二种行为是追求地方政府所代表的集团利益，实现自身利益的最大化，充分发挥“经济人”属性的角色。1994 年实施分税制财政体制改革后，根据事权与财权结合的原则，按税种划分中央与地方收入。将维护国家权益、实施宏观调控所必需的税种划分为中央税；将同经济发展直接相关的主要税种划分为中央与地方共享税；将适合地方征管的税种划分为地方税，充实地方税税种，增加地方税收入。由于分税制没有重新界定政府职能，各级政府事权维持不甚明确的格局，存在越位与错位的现象，事权的错位与越位导致财政支出范围的错位与越位，导致地方政府承担具体行政事务不变的情况下，财政收入相对减少，加上我国现行转移支付制度保留了原有体制资金双向流动的模式，即仍然存在资金由下级财政向上流动的现象，税收返还则是根据向上流动资金的多少确定，使得由于历史原因造成的地区间财力分配不均和公共服务水平差距较大的问题依然存在，同时中央对地方的专项拨款补助也存在比较规范的依据和合理的分配标准①，这些直接导致的后果是地方政府会依靠行政权力，参与到市场竞争中，以收取好处弥补行政开支的不足，逐步将自己演化为一个准市场竞争者，导致政府行为的企业化。

这种双重的特征体现在土地市场中，地方政府一方面制定土地规制并执行规制，成为土地规制的制定者和执行者。另一方面却将自身的利益置身其中，不断从土地供给和利用中为本利益集团谋取好处，为实现自身收益的最大化在规制制定与执行过程中提供规制“陷阱”，导致规制的不完全甚至不合理。

1）社会人。土地规制中的“社会人”是指地方政府应该从维护社会利益和公平公正的角度，制定并执行相应的规制政策。从规制的内容来看，政府制定规制政策应符合社会整体利益和长远发展，减少市场失灵，提高经济效益，规范经济秩序。土地规制在制定时，首先拟订草案，然后再提交有关机构讨论，讨论的机构和参与者应该代表了社会利益，如各地方人民代表大会及其常务委员会、价格听证会、仲裁机构、土地价格评估

---

① 薛玮．论政府转移支付的不规范对地方政府财政行为的影响［J］．开发研究，2007（3）：125-127.

复审委员会等都是具有公信力的组织，以其身份参与规制的制定符合社会利益，而规制制定者一般应该是代表了为公众服务的政府部门、事业单位，或者是德高望重、社会评价较高的专业人士，以保证制定的土地规制能够代表社会利益。如《土地估价准则》的制定，首先拟订草案给相关的政府部门和执业单位讨论，提出修改意见。其次请评估界的专家、评估机构代表和相关专业人士进行讨论，在综合确定各项意见后，提出正式的意见报国土资源部审查和批准，这一过程就体现了政府作为“社会人”的角色。此外“社会人”的角色还体现在对规制手段的综合运用上。多部门的协调配合是政府作为公共利益维护者作用的直接体现，在此过程中，政府始终保持土地公共管理者形象，体现的是政府作为一个有序的组织去为公众谋取利益。

2）经济人。我国多年来形成的对地方政府考核的标准是 GDP 的增长。地方政府的行为多是以 GDP 增长为中心，追求经济增长已经成为地方政府努力的方向。在土地规制中，很多规制的制定和执行，其行为的背后或多或少都受到政府经济利益的影响。对中央政府制定的规制，地方政府会在宏观规制政策方面与中央政府保持一致，将上级政府的规制变成一种责任而非激励，有可能真正履行，也有可能“变相”履行，这样就会损害社会的公共利益而为地方政府获取好处。

因此，“社会人”和“经济人”之间常常存在着冲突，地方政府的职能决定了“社会人”只能站在维护社会利益角度制定规制政策，但“经济人”的特点又常常使地方政府行为发生偏离，导致“社会人”与“经济人”的目标不一致，因此，规范地方政府的行为，促使地方政府更多地履行“社会人”的角色，是土地规制避免出现失效的重要内容。

（2）组织主体与官员主体。组织主体与官员主体是从市场的角度来阐述，主体是市场经济存在的前提条件之一，是市场活动的参与者和组织者，组织主体是依据市场自身运行的规律，制定市场交易规则，规范市场交易行为，管理市场有序活动的主体。官员主体也是市场交易参与对象，是嵌入组织主体中的人的要素，对组织主体具有导向作用。

组织主体和官员主体是整体和个体的关系，但两者在价值取向行为方式以及绩效评价方面存在一定的差异。组织主体的根本任务和宗旨是促进本地区经济增长，稳定房地产价格水平，其行为方式是以行政命令的方式进行的。下级政府执行上级政府的决策，并在上级政府的指导和监督下开展工作，绩效的评价目前主要是看 GDP 增长，而官员主体存在自身利益，围绕自身利益最大化行事，同时也会根据风险与收益的关系，采取相机决策机制，甚至不惜违法违纪来追求自身利益。近几年来发生的官员腐败案件，都存在官员以自己的行政权力，在土地交易中为自己谋取好处，达到实现自身利益最大化的目的。

组织主体和官员主体的价值取向可能存在一致，也可能存在不一致，当官员主体在谋取自己利益时，往往是以损害社会大多数人的利益为前提，而这恰恰是组织主体所不允许的，因为组织主体的价值取向是以为大多数人谋取利益。这种冲突体现在土地市场中，就是官员动用自己的职权，在土地一级市场中违反规定暗箱操作，进行钱权交易、权权交易，来满足自己的利益需要，损害的却是大多数人的利益。

(3) 政府双重角色的内在矛盾和冲突。在土地市场中，政府的“社会人”与“经济人”、组织主体与官员主体存在着矛盾和冲突，根本原因在于土地的政府垄断和监督成本过高。

土地产权制度的设定，使地方政府处于绝对的土地垄断地位。土地的有偿使用、土地储备的制度安排为政府找到了实现经济利益的方式，具体表现为政府行为的企业化。在政府组织管理体系中，地方政府在发展经济的同时，像企业内部管理一样以价值最大化为目标，并在此基础上实现官员利益最大化。政府中“经济人”和官员主体的特征，使两者在缺乏监督的情况下，可以实现利益的一致性。在土地规制中，这种一致性具体体现在以下几个方面：一是地方政府设立土地储备制度，直接参与土地市场的开发，既可以发展房地产业，推动经济的持续增长，又可以提升政府在发展经济方面的政绩。二是政府的拆迁办公室、整顿市场办公室等部门常常直接参与土地的征收与拆迁工作，依靠行政权力实施强拆，既可以改变城市面貌和居住环境，又可以提升个人的业绩。三是地方政府土地规制与招商引资项目进行对接，以土地优惠为条件，发展地方经济，提高就业率，同时也显示了个人主体的能力。在上述行为当中，有些政府官员参与其中，有意歪曲甚至规避土地的规制政策，以扩大政策的变通范围，达到为地方政府部门和自己谋取私利的目的。

因此，对政府行为及官员的监督成为当务之急。监督成本不容忽视，监督的执行主体和对象都是政府官员，这在不同的利益集团博弈中，监督的成本过大，目前对政府双重身份的规制效率存在不同的认识：有的认为政府行为的企业化提高了市场的效率，推动了经济增长；有的认为政府行为的企业化导致政府角色的错位，降低了社会福利水平；还有的持中立的立场，认为“经济人”角色的引入提高了市场的效率，但其难以摆脱市场机制的内在不足，容易造成市场失灵现象，对引入“经济人”的角色应保持合理的热情和冷静。社会人、经济人、组织主体和官员主体的国标、价值取向、行为方式及效果评价如表 5-1 所示。

表 5-1　地方政府及官员的价值取向、行为方式和效果评价

	目标	价值取向	行为方式	效果评价
社会人	较低社会成本，提高社会福利	整个社会的福利	按照政府的规制规范以及管理规章制度行动	是否存在帕累托改进
经济人	经济利益最大化	经济利益	没有特定的行为方式	经济价值大小，经济增长
组织主体	保证政令的畅通和执行	组织的高效运转	行政命令和必要的市场干预	管理效率、执行力和政策环境优劣
官员主体	个人利益最大化	以个人利益为主，辅助以社会利益	没有特定的行为方式	个人价值的最大化

3. 地方政府的行为

地方政府的双重身份决定了其行为存在两条路线：一条是行政路线，即执行上级政府的有关规定和政策，积极上传下达各项规制政策，保证规制的顺利实施。另一条是经济路线，即争取规制政策的“盲点”，或者采取“正当的理由”，对规制政策规避、避重就轻甚至进行对抗，延缓甚至歪曲执行规制政策以获取利益的最大化。

从行政路线来看，其行为应符合政府的管理体制，按照政府的政令传导方式，执行有关的土地规制。既不能违背上级政府的政策精神，努力满足公众对房地产住房的需求，又要符合本地区的土地发展规划，合理利用土地资源，发展公共设施和基础设施，杜绝和防止闲置土地的出现。

从经济的角度来看，地方政府将按照企业行为行事，即努力降低政府的成本，追求较高的收益。在土地市场中，土地的储备和开发成本都较低，有的甚至直接出让毛地，成本接近于零，地方政府可以依靠土地供给的完全垄断，不断推高土地出让价格，同时也采取压低土地征收拆迁费用的做法，不断追求利益的最大化。

4. 地方政府的行为约束

地方政府的行为受到几个方面的约束：一是上级政府的监督约束。对上级政府规制政策的执行情况和效果，上级政府有相应的管理部门进行监督检查，防止出现违规违纪的情况。二是本级人民代表大会、政协和民主党派的监督，政府工作定期向其汇报，形成了制度性的制约机制。三是本地区社会舆论的监督，但这种监督的力度往往较弱，在土地市场交易中，如果出现倒卖、闲置土地以及擅自改变用途，将受到社会新闻媒体的监督，但监督的方式和力度受到地方政府的制约。四是当地经济发展水平的制约。土地开发速度应该与当地的经济发展水平相匹配，如果对土地开发过于超前，而经济发展水平不能支撑开发的速度，建设速度就会放缓，必然会出现烂尾楼、“半拉子工程”甚至“豆腐渣工程”。1993~1994年，全国各地涌现的烂尾楼现象，就是由于经济发展不足以支撑房地产业的发展，导致房地产泡沫破灭所致。同时，地方经济发展水平也限制了购房者的购买力，如果没有足够的购买力，房地产市场也难以维持长久高房价的局面。五是资源禀赋的约束。对土地的开发和利用，实质上就是对土地资源的开发，比如如果城市周边是山区丘陵地带，就会增加开发建设的成本，限制了土地的开发利用。

三、开发企业和土地实际占用者

开发企业和土地实际占用者都属于市场的主体，依据市场规则进行土地交易。目前开发企业遵循的是土地一级市场的招拍挂制度，即价高者得土地。土地实际占用者则处于被动地位，土地随时可能会因城市发展的需要被征收。

1. 开发企业和土地实际占用者的定位

在古典经济学中，市场被认为是完全竞争市场，市场的参与者都是理性的经济人，以自己的利益最大化为目标。市场中的每一个从事经济活动的人，其采取的经济行为都是力图以自己最小的经济代价，去获得最大的经济收益。开发企业是从地方政府获得土地，开发房地产产品以获得收益。土地实际占用者是被动接受征收拆迁，只能在征收拆迁的协商过程中提高价格，以获取更多的经济利益。

2. 开发企业和土地实际占用者的行为

对开发企业而言，正常的行为逻辑是按照地方政府的要求，在满足一定的条件下，依据自己的实力参与市场的竞争，获得开发建设用地。开发企业的行为常常受到规制的制约，例如，规定对没有形成成片开发的土地不得转让，投入的资金没有达到总投资额 35% 的项目不得转让。在实际中，开发企业以项目为单位注册公司，如果在总投资额没有达到 35% 而需要转让项目时，采取规避规制的策略是转让整个房地产开发公司而非项目。有的开发企业在城乡接合部进行开发建设时，先以低廉的价格获得工业用地的使用权，待条件成熟后，再将工业用地转变为住宅用地，以达到在竞争不激烈的情况下获得住宅开发土地。因此，开发企业的行为并不完全按照规制行事，可以采取一定规避策略达到规避规制的目的，其行动依据是寻找可以规避规制政策的有效手段，为自己获得好处。土地实际占用者则只能依据现有的规制政策，向拆迁人提出条件进行谈判，一般而言并没有多大的谈判优势。

3. 开发企业和土地实际占用者的行为约束

开发企业的行为受到以下两方面因素约束：一是政府的规制政策约束。这是对开发企业最大的制约因素，包括土地的规划、计划、用途、税收以及土地建筑规模、面积、结构、容积率等，开发企业只能在规制限定的范围内进行土地开发建设。二是资金的约束。土地的购买和开发建设，需要大量的资金，开发企业必须具备较大的经济实力或者具有一定的融资能力，否则较难获得土地的开发权。

土地实际占用者的行为受到以下约束：对征收拆迁者而言，其行为主要是受到政府的各种规制政策限制，当自己处于博弈弱势的前提下，最有效的方法是按照规制政策行事，不违背规制政策，并采取有理有利有节的方式进行谈判协商。

按照公共利益理论，开发企业和土地实际占用者都属于市场参与的博弈方，但开发企业属于少而集中的利益集团。在土地规制的博弈中，通常能够集中本集团利益的意志，凝聚集团的力量为本集团争取最大的好处。同时，土地的不可移动性也决定了开发企业项目的固定性，在某一地区容易与地方政府达成共谋，结成同盟来进行谈判，属于强而少的博弈方，而土地实际占用者则在博弈中比较分散，虽然总体上人数较多，但具体到某宗土地时，实际使用者只有一个或者几个，在与强大的开发企业博弈中，处于劣势地位，为此，土地实际占用者多数情况下只能通过规制来保护自己的利益，如果规制一旦失效，土地占用者并不能实质上参与博弈，而被排除在博弈之外。因此，多而分散的土地实际占用者在土地利益的博弈中并不能占据优势，往往受到排挤、没有太多的博弈有利条件，甚至被排除在市场利益的博弈之外，土地被直接占用而没有丝毫的商量余地。

因此，通过分析发现，土地规制的参与主体都离不开地方政府，地方政府属于强大的规制制定者、执行者和市场利益主体的参与方，决定了其必然是土地各方利益博弈的中心环节，处于核心地位，而中央政府只是在制定规制，委托地方政府落实规制的执行，其并没有直接参与土地的有效管理。开发企业和土地实际占用者处于市场竞争的博弈一方，按照市场利益最大化原则行事。

第二节　政府管理视角的主体博弈

从我国政府组织的层级关系来看，中央政府与地方政府之间存在委托代理关系。委托代理本是私人生产组织内部的通过契约形成的契约关系，委托人将事务委托给代理人，并向代理人支付一定的报酬。由于契约不完备，代理人的目标函数与委托人的目标函数存在一定的差异①，代理人就会利用代理的优势，实际操控组织内部的剩余控制权，通过利用信息的不对称来欺骗委托人，产生代理成本和代理风险。何晓星认为②，中央政府对地方政府存在制度激励，在信息不对称的情况下，地方政府容易利用土地资源产权模糊的特点和公共选择制度约束容易失效的机会，这样就会导致比私人委托代理关系中更严重的代理问题。在土地规制中，地方政府利用对土地规制的代理关系，垄断土地并实施垄断定价，以提高地方政府在土地代理中的收益。

政府管理的博弈以委托代理关系为基础，只是这种代理关系并不纯粹以经济指标来衡量，还存在政治利益的博弈。这里尝试从完全信息的角度对中央政府和地方政府、地方政府之间博弈关系进行分析。

一、中央政府与地方政府的博弈

1. 模型设定

（1）参与人。博弈的参与者为中央政府和地方政府。地方政府作为中央政府规制的代理人，执行中央政府的规制。由于中央政府规制政策的传

---

① 张春霖．存在道德风险的委托代理关系：理论分析及其应用中的问题［J］．经济研究，1995（8）：20-25.

② 何晓星．再论中国地方政府主导型市场经济［J］．中国工业经济，2005（1）：15-19.

导方式以行政命令方式为主，一般情况下，假定双方的行动可以预测①。

（2）行为策略。中央政府依据宏观经济环境，可以对房地产市场中的土地制定一系列的规制政策，以规范房地产市场，并对房地产企业行为进行干预，也可以保留现有的规制政策，其行动的集合可以定义为保持原有规制和制定新的规制。在中央政府的规制制定以后，地方政府的相应策略也有两个：影响并执行中央政府的规制政策，或者对中央政府的规制政策不予采纳，而是按照自己的行为方式对土地规制进行调整。因此，中央政府和地方政府的规制策略分别为：规制与响应和规制与不响应，相应地其可以形成的策略组合有（规制，响应）、（规制，不响应）。本书认为，政府的土地规制是在不断变化当中的，正是这种不断变化的规制才需要去衡量其实施后的效果。如果全部都是采取不规制的行为策略，则不会有政府规制效果的考察，中央政府的规制目标也就难以实现，土地资源就得不到合理配置和有效利用。

2. 博弈分析

中央政府和地方政府的博弈分为两个阶段进行：第一阶段，中央政府依据市场需要制定相应的规制政策，以实现社会产出的最大化。第二阶段，地方政府对中央政府规制政策的态度，既可能是响应规制政策，按照中央政府的规制政策行事，也可能是不响应政策，实施相机决策机制，以有利于获得大于实施规制政策带来的好处。因此，将地方政府对规制的态度分为不响应和响应。

（1）地方政府不响应模式。地方政府不响应模式就是在中央政府实施规制政策以后，地方政府采取规避、歪曲、抵制中央的规制政策，采取不响应的态度，即（规制，不响应）的模式。地方政府不响应是基于地方政府的成本收益，主要体现如下：一是对地方财政收入的影响。土地收入在中央政府与地方政府之间的分配，由过去的地方政府占六成，到后来的地方政府占七成，再后来是地方政府占到出让金的95%以上，目前收入已经全部归地方政府所有，用于地方政府土地的整理、储备、开发、市政设施

① 刘小玲．我国土地市场化过程中的三方博弈分析［J］．财贸经济，2005（11）：64-68.

和公共设施建设。土地收入份额的扩大增强了地方政府对土地收入有利的规制政策偏好，没有激励的中央政府约束性规制政策执行起来就会遇到一定的阻力。二是对政府政绩的影响。如果中央政府采取的是限制土地价格上涨，进而使房地产价格保持在合理水平，则除了减少土地出让金的收入外，还会降低房地产价格进而减少房地产交易过程中的税费。相反，如果抵制降低土地出让金的规制，甚至提高土地出让金的水平，就会提高本地区对房地产开发企业的吸引力。开发企业认为房地产价格还会持续上涨，有利可图。这样既增加了土地的财政收入，也提高了城市的形象，不失为一种提高政绩的有效方式。地方政府官员的任期制导致他们会在较短的时间内，期望较多的土地收入，这也促进了土地价格的快速上涨。三是提高政府官员的收益水平。当土地价格处在高位运行时，对某些地方政府官员而言，其寻租的空间就更大，因为对不需要多少成本的土地而言，高价位意味着从中渔利的可能性越大，而且隐蔽性更强。四是地方政府之间的影响。由于地区发展存在激烈的竞争，地方政府为了招商引资，相互之间往往存在一定的竞争性，在土地规制中一味地执行中央的土地规制政策，势必影响招商引资的力度，削弱本地区的竞争力，这是地方政府不愿看到的结果。当然，不执行中央规制是有成本的，那就是畸高房地产价格所带来的地区产业发展不平衡，单一的房地产业必然吸引大量的资金进入，推高房地产价格，而过高的房地产价格又会推动土地价格的上涨，土地价格的上涨反过来进一步推高房地产价格，形成恶性循环，影响到其他产业的健康发展。过度依赖房地产业会恶化当地的经济发展模式，但政府官员的任期制度使这种恶性的产业发展模式得以存在，因为当期的官员并不会考虑自己卸任后的经济发展状况。

同时，地方政府的不响应是需要成本的，那就是中央政府的监督惩罚风险。如果地方政府的不响应规制行为被查出，就会受到惩罚。如果惩罚比较轻，就会进一步增进地方政府不响应政策的动机。如前些年发生的个别拆迁自焚事件，违规拆迁致人死亡的政府官员被免职后，隔段时间又被重新任用，透露出地方政府对自焚事件中官员的错误激励，导致令人震惊的自焚事件不断发生。因此，这种监督的惩罚风险相对于收益而言，没有起到应有的惩戒作用。

（2）地方政府响应模式。地方政府响应中央政府的土地规制政策，认真执行中央的规制政策，可以达到政令畅通、实现中央政府规制的目标。对地方政府而言，其影响体现如下：一是可以协调不同地区和部门之间的利益关系，促使土地利用和产业布局更为合理。中央的政策着眼于宏观经济总量，可以促进全国用地的综合平衡和高效利用，地方政府趋利的特点决定了其会因为全国的土地总量得到了平衡，在高房价地区对土地过度开发，而在低房价地区对土地开发不足，造成住宅供给的不平衡。二是地方政府的财政收入被限制。执行中央的规制政策，意味着土地的出让收入会下降，拆迁成本会上升，致使地方政府的收入减少，基础设施和公共设施的投入也会受到限制，进一步限制了城市的发展，这是地方政府所不愿看到的结果。三是会进一步削弱地方政府之间的竞争格局。由于资源禀赋、地理位置、文化氛围和传统习惯的差异，地方政府之间会有发展策略的差异，但中央政府统一的规制政策往往会阻碍地方政府特色经济的发展，使政府之间缺乏异质性竞争。

3. 博弈结论

中央政府与地方政府之间的目标存在一定的差异。地方政府的“经济人”角色使其在规制执行过程中，更多地趋向于不响应，即（规制，不响应）是地方政府的占优策略。这里讨论的是在中央政府规制前提下的博弈，如果中央政府不规制，从短期来看，地方政府会获得较好的经济利益。但长期来看，这样做必然会伤害实体经济，如放任房地产价格的高涨，就会催生房地产泡沫，而泡沫终有一天会破灭，就会伤害实体经济，日本 20 世纪 90 年代发生的房地产泡沫破灭现象就是最好的例证。

在中央政府规制实施时，如果地方政府响应中央政府的规制，其效用水平分为（10，-10）①。这时地方政府的收入必然会降低，与其收益最大

① 本部分的数字只是代表一个相对指标，数值的大小表示获得好处的大小，数字越大表示获得的好处越多或者坏处越小，数字越小表示获得的好处越小或者坏处越大，0 表示保持原样，收益无变化。

化的目标不一致，所以地方政府就会选择不响应，此时的效用水平为（0，10），这里的效用为10低于（不规制，响应）的效用15，这是因为中央政府不规制时，地方政府会不受规制的约束，可以更好地发挥政府权力的作用，获得更好的经济利益。中央政府规制后，地方政府会受到监管，某种程度上制约了获利的空间，所以存在一定的差异。但中央政府在房地产业发挥的作用就会遭到社会的质疑，降低了中央政府的威望和公信力，相对于有（规制，不响应）的零收益而言，中央政府的收益就会下降到-5，地方政府是否响应对这个结果没有影响。其关系见表5-2。

表5-2 中央政府与地方政府之间的博弈关系

		地方政府	
		响应	不响应
中央政府	规划	10，-10	0，10
	不规划	-5，15	-5，15

在上述的博弈分析中，影响它们之间的博弈除了上面分析的因素之外，还有信息的不对称。中央政府难以及时发现地方政府的不响应行为，如曾经在网络上引起争议的住宅建筑成本问题，住宅的建筑成本应该是很好统计的指标，其结果在多个地方很难得到社会的普遍公认，就是因为地方政府的土地成本信息得不到确认，成本不愿公开的客观事实被得到证实，2008年福建南平公开房地产价格构成中的建筑成本时，在公布数据的当天即遭到开发企业的强烈反对，网站的数据随即被屏蔽。房地产开发成本难以据实公开，给中央政府的决策带来了较大的难度。另外，地方政府博弈的目标是看综合效用，响应或者不响应完全看影响后是否对自己有利。

为了保证博弈的均衡，中央政府也会采取一定的措施，如加强对地方政府的监管，加大对不作为行为的督察。对地方政府的考核，不应再以GDP增长作为唯一的衡量指标，而应该将房地产业调控的长期效用与短期效用结合起来，将土地的规制执行力度作为衡量业绩的参考标准之一。

二、地方政府之间的博弈

1. 模型设定

(1) 参与人。博弈的参与者为地方政府，地方政府的博弈关键是看当地的经济发展状况能否体现政绩，以获得政府官员的晋升机会。在我国中央集权的政治制度下，地方政府之间的博弈体现在经济发展水平和个人晋升的机会上，并且这种发展晋升的机会在很大程度上是由经济发展状况带来的。这里参与人假定是相邻地区的地方政府，自然禀赋、地理位置、风土人情、道德习惯和生活方式相差不大。晋升的机会只有一个，也就是升迁机会是一种稀缺资源，两个地方政府之间的竞争在于对规制政策的执行力度和本地区规制与中央规制的一致性。为了便于分析问题，假定地方政府规制执行的都是同一中央政府规制，衡量两地政府在执行力上的不同。土地供给的政治投机行为可以增加个人的晋升机会，主要表现如下：一是低土地价格的招商引资，可以培养税源。二是片面追求城市形象和土地增值的政绩工程，可以增加在上级部门好的表现。三是超出城市化进程的新城建设，可以促进经济增长。四是突破土地利用指标的滥用土地行为，获得更多的土地出入收益。五是忽视社会福利和制度公平的土地收益分配行为等。六是权力寻租行为。这里对政治投机事件不予考虑。

(2) 行为策略。地方政府之间的博弈由于相互之间并不知道对方采取的行动策略，属于不完全信息下的博弈。分两种情况：一种是彼此都不知道对方采取的行动，同时采取行动的静态博弈。另一种是当一个地方政府对中央政府采取行动时，另一个地方政府会根据其竞争对手采取的策略来确定自己策略的动态博弈。前一种情况属于单个地方政府与中央政府的博弈，经过一段时间之后，两地之间的经济发展水平差异就会体现出来，此时经济发展落后的又会有两种选择：采取发展较好的地方政府的行动策略和继续执行自己的策略。此时晋升的机会会给予经济发展较好的地方政府，从而使博弈阶段性结束。后一种情况是其中一个地方政府是根据前一个地方政府采取策略以后才采取策略，而当前一个地方政府在觉察自己的行动策略被较好地利用并出现赶超时，又会继续实施新的策略，这样造成无穷的博弈，但目的只有一个，那就是使地方 GDP 增长越快越好，个人得到晋升的机会越大越好。

因此，根据中央政府与地方政府的博弈策略，静态下的博弈行为有（不响应，不响应）、（响应，不响应）、（不响应，响应）、（响应，响应）四种策略，动态的博弈存在无穷次的反复博弈过程，行动的先后使策略分析变得更为复杂，但前提都是根据对方的行动策略确定自己的行动策略，如何使自己在经济发展的竞争中胜出，以获得政治升迁的机会。本书认为，静态下不响应比响应规制政策对地方政府有利，所以占优策略是（不响应，不响应），动态也是（不响应，不响应），这就导致了地方政府博弈的占优均衡是（不响应，不响应）。

2. 博弈分析

地方政府的博弈分为静态和动态两种模式。静态指地方政府依据中央政府的规制政策，制定自己的行为策略，并按照自己的行为策略行事，直至比较出两地经济发展的好坏，从而决定出升迁机会。动态指一个地方政府采取行为策略以后，另一个地方政府会相机决策，保证自己的策略实施后对竞争对手有更大的优势，而竞争对手发现自己的策略有相应的应对措施以后，也会相机决策，采取措施进行反制，如此反复循环，直至决出政治升迁机会。

（1）静态模式。这里以中央政府抑制土地价格上涨为例说明。采取了提高供给成本的规制，地方政府可以响应该项规制，也可以不响应，两地政府各自的行动策略见表 5-3。

表 5-3　地方政府之间的博弈关系

		地方政府 B	
		响应	不响应
地方政府 A	响应	0，0	0，15
	不响应	15，0	10，10

我们发现，两地政府的占优策略都是不响应，得到的效用均为（10，10）。如果地方政府 A 响应，而地方政府 B 采取不响应的策略，则开发企业将到 B 政府出让的土地上开发建设。对 B 地的土地价格形成竞争，会进一步推高 B 地的土地价格，既增加了 B 地的财政收入，也提升了城市形象，促进了当地的经济发展，那么 B 地的政府官员获得升迁的机会，这对 A 政府会产生不利的影响。反之 B 政府响应而 A 政府不响应，使得 A 地的财政收入获得了增加，城市形象得到了提升，促进了当地的经济发展，那么 A 地的政府官员将获得升迁的机会。如果政府 A 和政府 B 都响应，则两地经济发展水平一致，政府官员升迁的机会由其他因素决定，因此，无论 A 政府还是 B 政府，其占优的行动策略都是（不响应，不响应），即效用均为（10，10）。决定了中央政府抑制土地的规制政策难以落到实处。

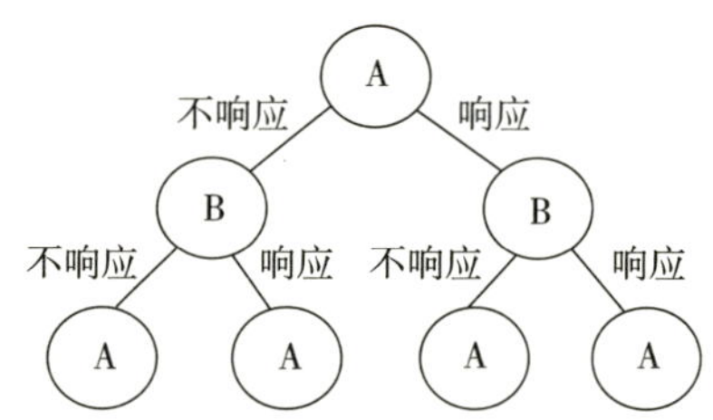

图 5-1　地方政府之间规制响应博弈关系

（2）动态模式。在博弈初始阶段，假设地方政府 A 选择的是不响应中央政府的规制政策，此时获得的效用为 10，大于响应的规制效用为-10。地方政府 B 发现地方政府 A 可以获得较好的经济发展，于是也采取不响应中央政府的策略，获得比响应多的好处。此时，增加的效用为 5，低于 10 的原因是随着不响应规制政策政府的增加，开发企业的选择就会增加，效用增加的边际就会递减，当地方政府绝大部分都实施不响应的策略，总有原因会使至少一个地方政府还保留原有的规制政策，即维持现状，此时，该地就形成了规制政策的“洼地”，导致其地价较低，于是精明的开发企业就会到该地进行房地产开发建设，之后是较多的开发企业进驻该地。这样带动了地方经济的发展，增加了税收，反而促进该地区能较快的发展，显现出较明显的政绩，得到晋升的机会。另外，如果大部分地方政府都不执行中央政府的规制政策，也会促使中央政府对规制政策的实施进行严管，在一定程度上加大了土地规制的监督成本，使地方政府不会轻易不响应规制政策，那么大部分地方政府就会按照规制政策行事。如果有个别地方政府 B 能够找到有利时机，不执行规制政策，就会获得比原来多得多的好处。假设此时的效用为 15，A 发现 B 不执行规制的好处以后，也会采取相应的不规制措施，为自己带来好处，这样又会陷入不执行规制中。通过分析发现，不响应规制是地方政府的占优策略，都不响应规制时，那么响应规制反而会成为占优策略，具体分析见图 5-1。因此，地方政府博弈的趋向是不响应规制，但在个别情况下，响应规制也可能成为占优策略。

3. 博弈结论

地方政府目标存在趋同性。地方政府之间都是为了发展当地经济，以便获得更多的政治升迁机会，在规制执行过程中利益最大化目标使地方政府更多地趋向于不响应，即（不响应，不响应）是地方政府的占优策略。但在大多数地方政府都不响应时，响应就会成为占优策略。

在上述的博弈分析中，地方政府之间的博弈，除了上面分析的因素之外，还有资源禀赋、信息不对称、国家产业战略等的影响。分析的方式仍然是基本的成本与收益对比分析法，根据相邻地方政府的发展策略确定自己的最优选择，是地方政府博弈的根本出发点。

第三节 市场竞争视角的主体博弈

市场竞争视角的博弈主体由开发企业、土地占有者以及地方政府组成，三者在市场中组成了地方政府与开发企业、地方政府与土地占用者之间的两两博弈。地方政府的“经济人”角色使其处于博弈的中心环节：与开发企业在土地供给上博弈，与土地占用者在土地征收拆迁中博弈，都可以看作是地方政府运用市场机制对土地供求关系实施控制和影响。

同时兼有土地的征收拆迁和土地供给的市场主体只有地方政府，这就决定了地方政府在土地利用的供求关系中处于绝对的垄断地位。在市场的博弈中常常显现政府这只“看得见的手”的作用，因此，市场的博弈暗含了完全垄断控制，即从土地的征收到土地的出让、利用过程中，存在市场的博弈关系，其博弈主体的中心是地方政府。

一、地方政府与土地实际占用者的博弈

1. 模型设定

（1）参与人。在此模型的博弈中，参与人是地方政府和土地实际占用者，他们的目标相似之处都是追求经济利益的最大化。同时，地方政府还存在维持地方稳定、扩大财政收入、促进经济发展的目标。市场经济的衡量标准都是以经济利益的最大化为标准，在分析地方政府与土地实际占用者的博弈时，是以市场的视角来分析彼此之间的关系。

地方政府与土地实际占用者的信息是公开的，即地方政府在征收拆迁某宗土地时会以通告的方式告示被拆迁者，同时交易价格在评估价格的基础上由双方进行协商确定。而土地实际占用者的土地面积、区位、用途甚至包括其家庭成员、年龄等信息都是公开的。因此，他们之间博弈的信息是公开的，博弈的顺序是当政府公布征收土地时，就会以书面通知的方式告知土地实际占用者，并同土地实际占用者协商谈判，确定土地的交易价格。协商谈判的过程就是博弈过程，因此参与人的行动存在一定的顺序性。

（2）行动策略。地方政府根据公共利益的需要，对土地占用者的土地实施征收拆迁。土地占用者既可以响应政府的规制政策，配合实施征收拆迁，也可以采取抵制的策略。因此，地方政府的策略有（不规制，规制），即既可以对某宗土地的开发建设实施规制，也可以不规制，保持原有的用途。土地占用者的规制有（响应，不响应），这样就形成了四种策略组合：（规制，响应）、（不规制，响应）、（不规制，不响应）、（规制，不响应）。

实际上，地方政府对土地的利用，是包含了规制策略的，即（规制，响应）和（规制，不响应）。

地方政府需要实现的效用水平，主要体现在以下几个方面：一是获得较好的经济发展和个人较好的政治晋升机会。二是维持社会稳定，防止上访事件出现，一旦出现集体上访事件，对政府官员的政绩评价和政治升迁将有较大影响。三是实现经济利益的最大化。地方政府的理性人角色决定了其政绩的行动方向是利益的最大化。而作为市场主体的土地实际占用者，一直以经济利益的最大化为目标，为了实现经济利益的最大化，可能采取的策略是响应政府规制和不响应政府规制，通过合法和非法渠道对政府规制进行反制，从而谋取自己的利益，但在当前强势政府的背景下，土地占用者常常处在博弈的不利地位，这时的利益关系就会变为不均衡的博弈①。

2. 博弈分析

地方政府与土地实际占用者之间是动态的博弈过程，包含两个阶段：第一阶段是地方政府制定并执行相应的规制。第二阶段是土地的实际占用者对规制的反应，即在知晓地方政府的土地规制后，采取相机决策机制。土地实际占用者的策略有不响应政府规制和响应政府规制。

（1）土地实际占用者不响应政府规制政策。土地实际占用者对规制政策采取不响应策略，即对政府的土地征收拆迁保持反对，这种反对是建立在私人反对政府的基础上，因此往往处于劣势地位。对土地占用者不响应规制分两种情况：第一种是地方政府依据法律法规所制定的征收拆迁行为，确实是为了公共利益的需要对土地征收拆迁，并按照规定给予相应的补偿。这时规制将会得到强有力的执行，土地占用者不响应规制只会遭到强制征收拆迁，土地补偿费用等可能被暂扣的惩罚，此时的效用水平为（5，-5）。第二种是地方政府以公共利益的名义，对被拆迁人占有的土地开发住宅商品房，在补偿不公平的情况下，必然遭到被拆迁人的反对，双

① 刘小玲．我国土地市场化过程中的三方博弈分析［J］．财贸经济，2005（11）：64-68.

方由此展开激烈的博弈，甚至出现违法拆迁的现象。土地占用者也可能采取极端措施维护自身的利益，如武汉市农民反对违法征收强拆，在自己的土地上修起了“炮楼”，以抗议地方政府某些人员的违法行为。如果博弈政府胜出，则会获得较好的经济利益，而土地占用者会付出较大的代价，此时效用水平为（10，-10），如果土地占用者胜出，土地继续保持原有的生产方式，土地占用者和地方政府的效用并没有发生多大变化，此时的效用水平为（0，0）。

（2）土地实际占用者响应政府规制政策。如果土地占用者响应政府的规制政策，也分为两种情况：一种是地方政府严格按照有关的法律法规行事，则土地占用者可以保证得到最低水平补偿费用，该费用应该是保证获得不低于原有生活水平的补偿标准，此时的效用水平是（5，0）。另一种是地方政府违反规制，恶意降低补偿标准，违规征收拆迁，此时的政府可以获得更大的好处，此时的效用水平为（10，-5）。造成这种原因是地方政府作为理性的利益主体，必然会利用博弈的强势地位，为自己捞取好处。其博弈关系见表5-4。

表5-4　地方政府与土地实际占用者之间的博弈关系

—		土地占用者		
地方政府	—	—	响应	不响应
	规范的行为	规制	5，0	5，-5
		不规制	0，0	0，0
	不规范的行为	规制	10，-5	10，-10
		不规制	0，0	0，0

3. 博弈结论

从表5-4中可以发现，无论地方政府是按照规制规范行事，还是不按照规制规范行事，土地占用者的占优策略就是响应政府的规制。在个别地方政府违法拆迁的情况下，不执行政府的规制可以获得保持效用水平不变的结果，如对违法征收拆迁能够抗议到底，并得到社会舆论的广泛支持，则地方政府有可能迫于社会舆论和影响被迫停止征收拆迁行为，此时的效用水平相当于（不规制，不响应）策略，即效用水平为（0，0）。但在这种情况下，土地占用者付出较大的个人成本，即在与政府博弈中所付出的时间成本、资源成本以及各种费用等。

地方政府在土地规制中选择是合法征收拆迁还是违法征收拆迁，取决于获取收益机会的大小和成本。如果获得的利益巨大，且受到监督约束较小，并且不会被惩罚，则他们就有可能实施违规征收拆迁。同时如果土地占用者的不响应态度坚决，不计个人利益与之博弈时，地方政府也可能考虑到社会的舆论和影响，会转为合法征收拆迁或者放弃征收拆迁。

二、地方政府与开发企业的博弈

1. 模型设定

（1）参与人。在此模型的博弈中，参与人是地方政府和开发企业，他们的目标函数关系与土地占用者类似，即都是追求经济利益的最大化。同时，地方政府还存在维持地方稳定、扩大财政收入、促进经济发展的目标。

地方政府与开发企业之间的信息是公开的，即地方政府在实施某种规制时，是向社会公布规制的具体内容、时间等要素。开发企业作为市场的参与主体，对土地供给的信息了解得非常充分，能够及时掌握有关的信息资源进行博弈。博弈的顺序是当政府公布土地出让条件时，就会以书面的方式向社会公告，开发企业在土地规制政策的约束条件下，参与与地方政府的博弈。需要说明的是，地方政府在与开发企业博弈中，不仅存在开发企业与行政主体的博弈，还存在开发企业与地方政府官员的博弈，即其中可能存在一定的寻租行为。

（2）行动策略。地方政府根据市场情况和上级政府的要求，对土地供给和利用采取严格的规制措施或者保持原样，其策略有（不规制，规制），即既可以对某宗土地供给和利用实施严格开发限制条件，也可以保持原有的出让条件，而开发企业采取的策略有（响应，不响应），与土地实际占用者类似，形成了四种策略组合：（规制，响应）、（不规制，响应）、（不规制，不响应）、（规制，不响应）。本书主要研究的是地方政府在规制情况下的地方政府与开发企业之间的博弈关系，如果地方政府不制定规制政策，则土地的出让就不能实施，两者之间不存在任何关系，当然也就不存在好处或者损失，所以具有研究价值的是（规制，响应）和（规制，不响应）两种策略。

与开发企业的博弈中，地方政府需要实现的效用水平，主要体现在如下几个方面：一是获得地方财政收入，提升城市形象、品位。二是较好的基础设施、公共设施，为招商引资、提升城市竞争力打下基础。三是政府官员获得较好的升迁机会，或者获取较好的经济利益。根据公共利益理论，开发企业和地方政府之间存在经济利益一致性的一面，它们属于集中而少数的利益集团，可以在博弈中形成合谋，共同抵制土地规制政策的实施，提高土地出让价格水平，以获得较高的开发利润和较好的财政收入。同时，政府官员可以在博弈过程中创造机会进行寻租，获得一种“共赢”的局面。

2. 博弈分析

地方政府与开发企业之间也是一种动态的博弈过程，包含两个阶段：第一阶段是地方政府制定并执行相应的规制。第二阶段是开发企业对规制的反应，即在知晓地方政府的土地规制后，采取相机决策机制，以实现自己效用的最大化。

（1）开发企业不响应政府规制政策。如果开发企业对规制政策采取不响应策略，即对政府的土地供给和利用规制保持反对，这种情况可能遭到地方政府的严厉制裁，其效用水平为-10，但这样就会使土地难以出让，导致地方政府的收入减少，效用水平为-5，这样开发企业、地方政府都会因为开发企业对规制的不执行导致损失，这是地方政府所不愿看到的结果，更为关键的是，如果土地出让出现困难，地方财政收入就会减少，公共设施和基础设施建设的资金就会遇到困难。因此，地方政府也不愿意开发企业响应约束性的规制，即使地方政府表面上制定了规制政策，也不希望开发企业按照规制行事。那么开发企业和地方政府就会进入到子博弈中，即开发企业与政府官员之间的博弈。

开发企业的策略选择有正常手段和灰色手段来对待政府官员①，而政府官员则有寻租和不寻租两种选择，它们的关系如表5-5所示。

表5-5　政府官员与开发企业之间的博弈关系

—	开发企业		
政府官员	—	正常手段	灰色手段
	寻租	5，0	10，10
	不寻租	0，0	0，-5

从表5-5中可以发现，开发企业和地方政府之间如果采取灰色手段和寻租的策略，可以使双方的收益获得最大化。相反，采取其他的方式并不能使收益达到最大。从开发企业与地方政府的寻租行为分析，必须与上级政府的监督相结合，如果上级部门实施严格的惩罚机制，惩罚的力度甚至超出了采取灰色手段寻租带来的收益，那么开发企业就会考虑收益与之对应的风险，或许不采用寻租的方式行事。

（2）开发企业响应政府规制政策。如果开发企业响应政府的规制政策，就会支付更高的土地成本，从而减少其收益，效用就会降低，效用降低为-5，同时，地方政府的出让收入也会降低，效用水平降低为-5，其博弈关系见表5-6。

表5-6　地方政府与开发企业之间的博弈关系

—	开发企业		
地方政府	—	响应	不响应
	规制	-5，-5	-5，-10
	不规制	-，-	-，-

① 这里并不是所有的政府官员都有寻租的意愿，只是为了分析问题的全面，所以进行了专门的分析。

3. 博弈结论

从表 5-6 中可以发现，开发企业的占优策略是不执行地方政府的规制。如果地方政府颁布并实施了土地规制，则开发企业的占优策略是用灰色手段向政府官员寻租，规避规制政策的约束，同时，规制一旦执行，必然对地方政府的财政收入、城市形象和竞争力产生较大的影响，这也是地方政府不愿看到的结果。因此，两者可以结成同盟，共同对上级政府的规制进行抵制，以获得最大的好处。

开发企业采用灰色手段进行寻租是有成本的。当上级政府实施严格的惩罚机制，致使开发企业的寻租成本急剧增加，风险加大，大到不足以补偿按规制行事所带来的损失时，开发企业才有可能按照规制行事。

在中央政府、地方政府、开发企业和土地占用者的博弈关系中，地方政府处于博弈优势地位，容易与开发企业形成合谋，共同侵占购房者和土地使用者的利益。中央政府由于监督成本太高对土地规制执行的监督乏力。地方政府“两性人”的角色使其可以依靠垄断的土地供给，实施土地垄断定价策略，并与开发企业形成合谋，共同推高土地价格，而购地成本则转嫁给购房者，使购房者受损，从而形成地方政府和开发企业获益的市场利益格局。

第六章 土地出让规制对房地产业的影响

房地产业的土地规制纷繁复杂，从根本上来说，政府对土地进行规制目的在于控制房地产开发商进入市场的资格，进而控制房屋的价格、类型等，以便满足社会公众利益。但是在进行规制的同时，必须与我国的政治环境、经济发展等相适应，这也必然导致土地规制的多样性和动态性。就我国的土地规制而言，不同的视角有不同的规制，如从产权的角度有所有权、使用权等，为了对土地规制的效果进行较好的论证，本章将研究土地出让规制的机理并对实施效果进行实证分析。

第一节 土地出让规制的变迁

我国的土地规制是一个“渐进式”的过程，这是我国从计划经济转为市场经济的要求，是由粗放型经济转向集约型经济决定的，也是我国改革开放、经济建设的内在要求。由于我国自改革开放之后经济发展迅速，经济环境改变的速度快于政府政策的变化，也由于计划经济的延续性导致很多的土地规制具有时效性，没有考虑到未来市场发展的变化。同时，与具体制度层的短期性、时效性相比，我国的基本制度层具有长期性和稳定性。这就决定了短期内对基本制度层不会作出根本性的改变，只能对具体制度层作出修订和补充，因此本章不对基本制度层进行研究，而重点关注能够对我国房地产业产生重大影响的规制政策。梳理我国土地规制的内容，发现能够与房地产价格、产品结构和市场结构都联系起来的并不多，经过比较分析，选取具有历史变迁特点的土地出让规制进行研究，具有一定的代表性。

选取土地出让规制进行研究，原因主要有三个：一是对房地产业而言，能否获得土地是房地产开发企业进行房地产开发的前提条件。而国家作为土地的唯一供给者实际上控制着房地产开发企业的进入，政府采取何种规制，直接决定着房地产开发商能否拿到土地，以何种价位获得土地以及开发活动的经济利益有多少。二是房地产行业是资金密集型产业，其发展离不开金融的支撑，而政府对土地的规制决定了何种资本能够进入房地产行业，以何种方式参与房地产业的经济运作。土地出让规制是吸引社会资金进入房地产业的第一步，是房地产开发企业参与行业竞争的重要途径。三是从我国房地产业发展的实际历程来看，自 2002 年以来，全面规定经营性项目用地必须采用招拍挂方式进行出让后，我国房地产行业的发展速度和规模都有了极大的提高，在 GDP 中所占的份额也逐渐上升，已经成为我国经济发展的支柱产业。从这三个方面可以看出，土地出让规制对于房地产业的健康发展起着积极的促进作用，对研究其如何影响房地产业有着现实意义。

一、土地出让规制变迁过程

土地出让规制有一个变迁的过程，其具体演进过程大致经历了三个阶段：

1. 无偿划拨阶段

1988 年以前，我国的土地使用是无偿无期限的划拨方式。用地单位根据需要向政府土地管理部门提出申请，政府部门在规划的范围内，根据选址意见书、项目批文向用地单位提出供地方案，经审查符合条件后，用地单位办理相关的用地手续，无须缴纳费用，只是在拆迁安置赔偿方面，用地单位需要对被拆迁对象进行安置和适当的补偿。

这一时期我国没有土地交易市场，土地的使用都是通过无偿无期限的划拨方式进行的。土地的利用没有经济利用效率，而是出于政治或者社会压力，所有的土地都由国家支配，需要土地的单位或者组织，可以在不缴纳费用的前提下无期限地使用。这种土地的出让规制，导致了土地使用效率低下，扭曲了土地价值，具体体现在：一是土地资源没有反映出经济价值。土地使用者根本不关心土地的产出能力，也丧失了对土地产出最大化的激励，许多单位和部门可以得到比实际需要多得多的土地，导致土地资源被挤占、滥用和荒弃。同时，住宅用地让位于工业用地，在市中心建工厂，土地资源长期处于不合理使用，没有反映出土地作为投入要素的价值。二是土地资源价值的扭曲。占而不用、多占少用土地的现象比较严重，土地无偿分配后，由于土地不能交易，不计入生产成本，其价值没有在企业中得到体现。三是房地产投资严重滞后。一方面政府需要投入大量的人力物力进行房屋的建设，另一方面却不能从土地供给中获取收益，大量的建设资金需要政府投入，既影响了住宅的开发建设，住宅供给的数量较少，居民的住房较困难，同时也使政府在土地开发和公共设施投入上没有固定的资金来源，影响了城市化进程。

2. 协议出让阶段

协议出让土地主要是国内企事业单位根据用地需要，向政府土地管理部门提出用地申请，得到批准后缴纳一定的土地使用费，并办理相关的用地手续后获得土地使用权。与划拨用地最大的区别是协议出让土地需要支付一定的土地使用费，具体价格由用地单位与土地部门协商确定，一般不低于基准地价和保留地价，协议地价在实施市场竞价制度和土地储备制度以前，是主要的供地方式，现在逐步被市场竞价土地出让方式所取代。由于协议出让土地的非公开性和非透明性，导致了在协议土地出让过程中存在权力寻租和腐败问题，由于没有严格的限制约束和监管，大量的土地被低价转让，造成了国家土地资源不合理的转移、利用，同时，大多数的土地交易中还存在暗箱操作，这些造成了国家资产的流失，因此需要有新的土地使用规制出现，以化解土地协议出让中的腐败行为。另外，协议出让也造成了开发区无序扩展，进而使城市范围迅速蔓延。截至 2007 年底，全国批准的开发区面积达到 15000 平方公里，实际开发面积仅为 1852 平方公里，大量的土地未得到合理利用，无序的开发建设也导致耕地的不断减少。

土地协议出让是我国土地使用由无偿到有偿的一次根本性转变。这项改革以渐进式的方式进行。早在 1979 年的《合资法》就提出了“土地作价”入股的概念，后来在一些城市陆续收取土地使用费，直到外商到大陆投资才正式明确提出收取土地费用，并在 1988 年对《宪法》和《土地法》有关内容作出了修改，明确土地有偿使用的原则。

当然，土地的协议出让方式相对于无偿无期限的土地利用方式是一个进步，因为这样至少体现了土地的部分价值，使土地作为生产要素在起作用，政府已经可以利用土地资源获得经济利益。

3. 市场竞价阶段

为了减少土地协议出让中的不透明和腐败问题，我国部分沿海城市如上海、广州、深圳在 1999 年开始逐步引进招标、拍卖、挂牌等非协议出让土地的方式。招标出让国有土地使用权，是指市、县人民政府土地行政主管部门发布招标公告，邀请特定或者不特定的公民、法人和其他组织参加国有土地使用权投标，根据投标结果确定土地使用者的行为。拍卖出让国有土地使用权，是指出让人发布拍卖公告，由竞买人在指定时间、地点进行公开竞价，根据出价结果确定土地使用者的行为。挂牌出让国有土地使用权，是指出让人发布挂牌公告，按公告规定的期限将拟出让宗地的交易条件在指定的土地交易场所挂牌公布，接受竞买人的报价申请并更新挂牌价格，根据挂牌期限截止时的出价结果确定土地使用者的行为。2002 年国土资源部发布《招标拍卖挂牌出让国有土地使用权的规定》（以下简称《规定》），明确商业、旅游、娱乐地产必须实施市场竞价，停止经营性用地的协议出让，《规定》以《城市房地产管理法》《中华人民共和国土地管理法》和《〈中华人民共和国土地管理法〉实施条例》等法律法规为依据，建立和完善了以下三个方面的制度：一是经营性土地使用权的招标拍卖挂牌出让制度；二是公开、公平、公正的国有土地使用权招标拍卖挂牌出让组织实施程序制度；三是严格的法律制度。后来又在 2004 年发布《关于开展经营性土地使用权招标拍卖挂牌出让情况执法监察工作的通知》，明确了 2004 年 8 月 31 日是经营性用地协议出让的最后期限，各省、区、市普遍出台了市场竞价政策，制定了市场竞价操作规范，在全国确立了经营性土地市场竞价出让制度。8 月 31 日之前地方政府必须处理完历史遗留问题，即此前协议出让用地必须在此后改为市场竞价用地，补缴相应的土地出让金。拍卖、招标和协议方式均是法定的国有土地批租方式，各有其适宜的范围，不能简单进行优劣划分。在具体的出让活动中，土地行政主管部门应视国家产业政策、政府对土地的要求、土地用途、规划限制条件等因素选择适宜的出让方式。2002~2013 年全国出让土地面积及市场招拍挂出让土地面积如表 6-1 所示。

表 6-1　2002~2013 年全国出让土地面积及招拍挂出让面积比例

年份	出让总数（万公顷）	招拍挂出让面积（万公顷）	招拍挂比例（%）
2002	12.42	1.81	14.57
2003	19.36	5.19	26.81
2004	18.15	5.24	28.87
2005	16.32	5.72	35.05
2006	23.25	7.09	30.50
2007	22.65	11.53	50.90
2008	16.31	13.36	81.90
2009	20.90	17.80	85.17
2010	29.15	25.73	88.27
2011	33.39	30.47	91.25
2012	32.28	29.30	90.77
2013	36.70	33.88	92.32

土地出让规制的变迁对我国房地产业的发展提供了指引：一方面，它从源头上保证了房地产行业的市场化程度，杜绝了行政不恰当干预造成的市场失效。改革开放初期，我国实行的是“计划经济为主，市场经济为辅”的经济政策，1984 年党的十二届三中全会发布的《中共中央关于经济体制改革的决定》，将体改目标确定为“有计划的商品经济”，1992 年中共第十四次全国代表大会正式确立“社会主义市场经济”是我国经济体制改革这个制度政策的目标。在我国实行的渐进式转轨过程中，各行各业都要逐步走向市场化，房地产业也不例外。我国土地出让规制从划拨出让到招拍挂，顺应了我国经济体制改革的潮流，是房地产业进一步深化和发展的必然要求。另一方面，有利于按照市场经济的要求，健全土地市场规则，建立公开、公平、公正的资源性资产配置的新机制。虽然我国在土地市场建设方面取得了显著成绩，但是也存在着不少问题，如竞相压低、减免地价吸引投资；经营性房地产项目用地采取协议出让方式供地，划拨土地大量非法入市等。如果不遏制这些行为，统一规范、开放有序的土地市场难以形成。大力推行招标拍卖挂牌方式出让国有土地使用权，不仅能够实现国家土地资产的最大效益，而且能够提高政府供地的市场化程度，促进规范统一的土地市场的建立和完善。

市场竞价方式增加了土地市场参与企业数量，提高了土地的使用价值，体现了国家作为主体享有土地资源收益的权利。在当前土地价格居高不下的情况下，土地出让收入较多的地方已经占到了地方财政收入的 50% 左右，为地方政府带来了高额的收益，土地的集约节约使用也比过去提高了。但同时，土地竞价的出让方式也使土地价格过快上涨，致使房地产价格也随之上涨，房价已经大大超出了普通居民的支付能力，从这个角度讲，土地出让定价方式降低了社会的福利水平，增加了居民的购房成本。

二、土地出让规制特点

1. 土地出让的政府唯一性

我国住宅用地的供给，地方政府是唯一的合法供给主体，各类住宅土地的供给都由政府行政部门办理相关手续，这就决定了地方政府可以采取较多的规制，限定土地供给的条件，进而对土地价格和房地产价格进行规制。同时，土地供给涉及多个政府部门，各部门之间都有独立的土地规制制定权，这样使土地管理具有程序多、部门多的特点。如土地管理部门可以制定市场竞价管理条例，出让金征收条例，规划部门可以制定土地用途限制条例等。

2. 土地出让是使用权的出让

我国的土地产权关系分为土地所有权和使用权，土地所有权归国家所有，使用权归土地使用者。土地的供给实质上是土地使用权的供给，供给的价格也就是土地使用权的价格，相当于土地年限的使用租金。土地使用权出让的特点决定了土地价格在很大程度上不同于土地私有制国家，许多土地私有制国家的土地价格是土地所有权的价格，本书讨论的是使用权的价格，而非所有权的价格。

3. 土地出让的地方政府强约束性

名义上土地归国家所有，土地的管理方式是委托代理制，土地所有者将土地委托给政府管理，各级政府之间也实施委托代理制，让土地规制在各级政府之间传递。这就形成了土地管理由地方政府实际控制，造成地方政府与中央政府的博弈和地方政府与房地产企业之间的博弈。地方政府可以在土地供给规制中设置限制条件对土地价格、数量、进入竞价程序等进行控制，进而对房地产业的发展产生影响。

4. 土地出让的宏观调控力度较强

以竞争为本质的市场经济虽具备许多优点，但是纯粹的市场经济是不存在的。完善的市场经济都需要政府的宏观调控，政府在不同的资源领域对市场调控的力度也不同。房地产业是关乎我国民生大计的重要产业，其发展离不开政府的引导和调控，土地出让作为房地产开发的第一环节，必须重视。在土地出让行为中，政府主要以价格、税收、土地用途管制等手段来实施宏观调控，当然，即使接受了政府的宏观调控，也并不能就此否定了土地出让行为的市场特性。

第二节　土地出让规制对房地产业的影响机理

由于在无偿划拨阶段，我国的房地产业处在萌芽状态，只是到了后期才起步发展，所以其土地划拨出让规制对房地产业的影响不大，本书的研究将集中在土地的协议出让方式和市场竞价方式上。

一、协议出让方式对房地产业的影响机理

1. 协议出让方式对房地产价格的影响机理

（1）协议出让的土地价格循环。协议出让方式价格形成过程被分成三个阶段：第一阶段是卖方确定基准地价①，基准地价既是计税基础，也是协议出让土地时所参照的最低标准②。第二阶段是开发企业确定交易宗地的底价，底价一般不低于基准地价，是一种心理价格，由房地产企业根据自己的心理价位和市场环境确定③。第三阶段是确定交易金额，当交易底价确定以后，双方就交易价格在基准地价的基础上进行协商，最终确定双方都认可的价格。就定价机制而言，由于底价的确定依赖于市场，市场的价格形成又依赖于基准地价，而基准地价又是交易底价的依据。这样就形

① 基准地价是指在城镇规划区范围内，对现状利用条件下各级土地按照商业、住宅、工业等土地利用类型分别评估确定某一估价时点上一定年期土地使用权的平均价格。

② 戴卫平，顾海英．竞标地价和协议地价：土地批租市场中的定价机制研究［J］．西北农林科技大学学报（社会科学版），2005（5）：78-81.

③ 实际上买方标的底价的确定有赖于评估机构的评估结果。在土地市场发育不完善的阶段，基准地价是确定标的底价的主要信息来源，如果地价监督机制完善，卖方的标的底价一般与基准地价会有差异，标的底价一般是由评估确定的，并不是实际的成交价格，因此它相当于一种影子价格。

成了底价、基准地价和成交价不断循环的过程。在信息不对称的市场中，这种交易价格体系形成一个封闭的系统，交易的价格没有体现出土地的价值。见图 6-1。

图 6-1 协议土地价格循环关系

（2）协议出让方式对房地产价格的影响分析。在协议出让方式中，购房者和被拆迁者被排除在协议定价过程之外，地方政府和房地产企业之间的目标并不总是趋向一致。在不考虑寻租的情况下，土地协议出让价格在房地产企业和地方政府之间有一个讨价还价的过程，它们考虑的主要因素是：对企业而言，地价有一个心理价位，这一价位随着市场行情和参与者竞争程度的不同而发生变化，并总是希望地价略高于底价，以促成交易完成，一旦谈判的结果与自己的目标存在较大差距，开发企业可以选择退场。而政府除了考虑财政收入之外，还需承担由此带来的风险，因为政府的行为实质上是由其代理人来完成的。如果在谈判中过分去争取经济利益时，房地产企业就可以寻找更高一级的政府机关庇佑，迫使其感受到来自上层机关的压力而放弃某种占优选择。同时，政府和企业讨价还价过程中具有完全不同的风险判断。对政府而言，社会稳定、财政收入和良好的投资环境都是需要关注的问题，在与房地产企业谈判时，往往显示出谨慎和稳健，风险越小越好，而房地产企业是以追求利润为目标，风险高一般意味着较高的收益，因此房地产企业一般会趋向于风险偏好。

在考虑寻租的情况下，地方政府作为博弈主体，其实际代理人是政府官员，即土地价格规制的制定者和执行者，他们存在着自身利益。这种利益关系与房地产企业的利益关系是趋于一致的，都是为了追求收益的最大化，所以房地产企业有激励机制向政府官员寻租。某些政府官员有迎合这种寻租的愿望，以达到自己经济利益最大化的目的。为了防止某些政府官员和房地产企业合谋，降低中央政府的监督成本，中央政府采取制定基准地价的措施，规定协议出让的土地价格不得低于基准地价，以此来约束地方政府的行为，防止房地产企业和地方政府联手操作土地的出让价格。

从理论上讲，在协议出让情况下，由于地方政府垄断控制了土地的供给，完全具有进行价格歧视①的条件，给每宗地实施不同的价格，以达到在经济上获得最高的收益。房地产企业与政府官员的合谋使成交价格低于基准地价的情况也时有发生②。中央政府规定不得低于基准地价，是用行政手段达到规制土地市场的目的，这种规制使土地市场交易价格不至于太低，促进了交易效率的提高，但同时也扭曲了市场配置资源的效率，降低了社会福利水平。土地交易价格不高，并不意味着房地产价格较低，但土地价格的上涨会导致房地产价格的上涨。这是因为房地产业的价格由市场供求关系决定，协议地价并不能决定市场的供求关系，但开发企业土地成本的增加，必然分摊至房地产业的产品中，由此导致房地产价格的上涨。

---

① 价格歧视通常指商品或服务的提供者在向不同的接受者提供相同等级、相同质量的商品或服务时，在接受者之间实行不同的销售价格或收费标准。经营者没有正当理由，就同一种商品或者服务，对条件相同的若干买主实行不同的售价，则构成价格歧视行为。价格歧视是一种重要的垄断定价行为，是垄断企业通过差别价格来获取超额利润的一种定价策略。根据价格差别的程度，可以把价格歧视区分为三个等级：一级价格歧视又称完全价格歧视，就是每一单位产品都有不同的价格，即假定垄断者知道每一个消费者对任何数量的产品所要支付的最大货币量，并以此决定其价格，所确定的价格正好等于对产品的需求价格，因而获得每个消费者的全部消费剩余。这是一种极端的情况，现实中很少发生。二级价格歧视即垄断厂商了解消费者的需求曲线，把这种需求曲线分为不同阶段，根据不同购买量，确定不同价格，垄断者获得一部分而不是全部买主的消费剩余，公用事业中的差别价格就是典型的二级价格歧视。三级价格歧视是指垄断厂商对不同市场的不同消费者实行不同的价格，在实行高价格的市场上获得超额利润。从理论上讲，土地出让完全可以实施一级价格企业，给每一块土地实施不同的价格，以达到获得最佳收益的目的。

② 土地市场的竞争性只存在于买者一方，在土地的协议出让过程中，处于卖方垄断的政府有权决定选择和谁谈判，这无异于设定了行业准入的“许可证”，而“许可证”本身就会给经营者带来额外的收益，买者一方在进入价格谈判阶段之前就展开了为获取这种额外的收益激烈竞争，即寻租竞争，那些潜在的需求者（买方）在进入协议地价的竞争性谈判之前，就在疏通关系，未获取内部信息的寻租者在竞争中遭到淘汰，从而使得最后的胜出者与卖方形成一对一的谈判，在谈判（协议）阶段没有竞争。因此，现实中的协议地价也就不等于竞标地价。

2. 协议出让方式对房地产业产品结构的影响机理

在协议出让的初期，由于受到政治因素、消费观念和“先生产、后生活”思想的影响，人们对住宅产品的结构并没有重视。同时，福利分房制度使人们有依赖习惯，单位建房都是按照统一的标准建设和分配，产品结构并没有出现明显的差异。因此协议出让方式在初期对房地产业的产品结构影响不大。在协议出让的中后期，地方政府和房地产企业合谋，低价取得土地和依靠政府背景取得土地成为行业公开的秘密。另外，人们生活水平的提高又迫切要求提高住宅档次，加上福利分房制度的取消、住宅市场化的改革方式使住宅产品结构出现了较大的变化，低廉的土地成本和中高档住宅需求使这一阶段的中高档住宅有了显著的提升。特别在 2004 年 8 月 31 日完全停止协议出让土地之前，房地产企业大量廉价囤积土地，造成房地产产品开发成本较低，增加了中高档住宅的供给。

同时，在协议的初期，我国的住宅设计处在起步阶段，房型、结构、样式、色调、层高等基本上趋于一致。住宅没有明确的普通住宅、廉租房、经济适用房的划分，只是到了后来，由于房地产价格的高涨和消费观念的改变，中低收入家庭住房消费出现了困难，住宅分类的差别化才体现出来。对住宅类别的划分，提升了产品结构的档次。

3. 协议出让方式对房地产业市场结构的影响机理

土地协议出让的规制实施明确的时间是 1988 年。从这一时间开始，我国的房地产业开始起步，许多房地产企业由原来的企业房地产管理科、房地产维修班改制而成，房地产企业的数量开始增加。这种数量的增加与土地协议规制的实施存在某种联系，由于是协议拿地，房地产企业可以和地方政府达成合谋，实现“双赢”。在土地协议定价中，地方政府会采取寻租方式，人为地降低土地价格，而房地产企业反过来会给地方政府好处。这样的机制使很多其他产业部门看到了其中的利益关系，纷纷加入到房地产行业中，从而导致房地产行业企业的规模不断扩大。随着房地产行业的发展，协议出让方式越来越凸显出合谋行为的弊端。

在协议出让土地初期，能够低价获地的企业基本上都是本地企业。本地企业的特点决定了房地产企业并不能形成较高的集中度，企业分布处于均衡化。全国的房地产企业都是以地区为重点分布。到了协议出让土地的后期，随着房地产价格的高涨，这些企业的集中度逐渐提高，寡头市场的特征逐步显现，寡头市场的形成会推高房地产业的价格。因此，协议出让土地对产业集中度是逐步显现，整体上高于无偿划拨阶段的房地产业集中度。

二、市场竞价出让方式对房地产业的影响机理

市场竞价出让方式主要是指招标、拍卖和挂牌的土地出让方式。

1. 市场竞价方式对房地产价格的影响机理

市场竞价方式是指在公开市场上竞争土地，由价高者获得土地的供给方式。地方政府是唯一的土地供给方，而土地的需求方则是较多的房地产开发企业。每次实施市场竞价的土地只有一个获得者，造成了房地产开发企业的激烈竞争。同时，土地不像其他产品具有流动性，某一地域的土地只能被一个竞争者获得，这就加剧了房地产企业的竞争程度。招拍挂出让方式本身对土地供求关系没有影响，因此，不会人为抬高地价。市场竞价方式出让土地是把土地从政府的“小决策”范围拿到整个市场的“大决策”中，通过社会的整体博弈，来达到土地合理使用价值的实现。经营性土地出让实施招拍挂制度，一方面可以接受社会监督，减少暗箱操作和寻租行为，使土地出让真正公开化，符合对公共资源进行公共管理的基本原理；另一方面将市场机制引入土地出让市场，可以弥补因土地出让方式唯一性而缺乏竞争形成的缺陷。但这并不是地价和房价上涨的主要因素，影响土地价格的主要因素还是供求关系。但这也并不意味着土地出让方式对土地价格毫无影响，根据西方经济学理论，土地价格由市场供求关系决定，当某一生产要素是唯一的且有较多的竞争者时，生产要素价格除了与市场供求关系有关外，还与该生产要素的产出能力有关，产出能力越高，竞争程度越激烈，市场价格就会越高，反之则会较低。土地正是这一类的

生产要素，因此土地的价格除了与市场的供求关系有关外，还与土地的产出效率有关，如图 6-2 所示。

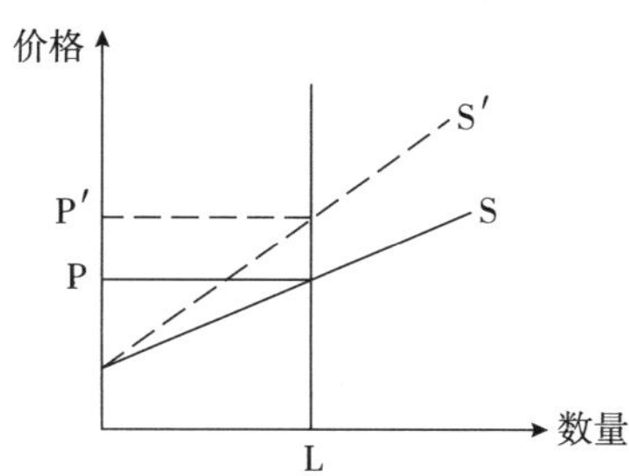

图 6-2 房地产价格与土地生产效率关系

与协议出让方式相比，市场竞价出让土地方式增加了土地市场的竞争程度，很多有资本但是没有途径获取土地的房地产开发商加入到竞争的行列中来，增加了竞争程度。土地供给的数量是 L，由于土地是按照一宗一宗出让，这里确定为 L。当房地产企业认为土地的产出效率会提高，参与竞争的企业数量将会由 S 增加到 S′，竞争程度就提高，价格就会由 P 增加到 P′，提高了土地价格。这样导致房地产企业成本增加，增加的成本最终会由购房者支付，因此就提高了房地产企业的价格。

2. 市场竞价方式对房地产业产品结构的影响机理

（1）房地产业产品结构的内涵。房地产业的产品结构是指住宅结构，即各类住宅在总住宅中的比例关系。在我国房地产业发展过程中，先后出现了不同类型的住宅，如 20 世纪 80 年代首次出现安居工程，90 年代沿用至今的经济适用房、集资房、保障房等。从不同角度对住宅类型进行了阐释，总结近几年来不同住宅称谓，主要有别墅、高档公寓、豪宅、普通住宅商品房、双限双竞房①、中小套型住宅商品房、经济适用房、廉租房、集资房、安居工程房、小产权房、集体宿舍等。如果将这些住宅按照总

① 指在限制套型、限制房价的基础上，采取竞地价、竞房价的办法供应土地，套型面积在 90 平方米以下的供应占供应量的 70%。

价格高低和总建筑面积大小进行划分，可以分为高档房、中档房和低档房。

高档房主要指别墅、高档公寓类住宅。一般认为单位建筑面积造价高于当地同等地段商品住宅平均造价一倍以上的公寓和别墅，或者经有权审批房地产投资计划的审批单位审定为高档公寓、别墅的住宅。

低档房主要是指经济适用房、廉租房。经济适用房是由地方政府根据计划安排建设的政策性住宅，国家统一下达投资计划，地方政府统一组织建设。用地一般实行行政划拨的方式，免收土地出让金，对各种经批准的收费实行减半征收，出售价格实行政府指导价，按照微利的原则确定住宅价格。廉租房则是由政府投资兴建的低价租赁给城市低收入家庭的住宅。介于两者之间的住宅定位为中档房。

本书将以别墅类住宅代表高档房，经济适用房类住宅代表低档房进行论述和实证。

（2）土地出让规制对房地产业产品结构的影响机理。市场定价方式对房地产业产品结构的影响可以用产品利润率和人们的消费行为解释，通过调查发现，一般情况下，高档房的利润率通常比中档房的利润率高 10%~20%，而中档房的利润率通常比低档房的利润率高 10%~20%，特殊的中高档房利润率则会更高，因此同样建筑面积的住宅其利润率从高到低依次是高档房、中档房和低档房，理性的房地产企业会选择建设高档房，其次是中档房，最后是低档房。当然住宅的建设规模需要根据市场的需求决定，这就涉及人们的消费行为。通常情况下，人们会倾向于居住高档房，因为人都有一种炫富的心态，住高档房有高贵、满足、成功的心理感受；其次分别是中档房和低档房。这种心态决定了人们在选择住宅产品的类型时，会依据自己的实力选择自己能够承受的最高价的住宅产品类型。因此，市场竞价方式会提高房地产企业开发的住宅产品档次，影响住宅的产品结构。

市场竞价的土地出让方式使土地价格不断升高，由此导致高价位的住宅价格使许多普通居民无法承受。开发企业也有可能转投利润率并不太高但销售较好的中低档住宅。因此，市场竞价方式对产品结构的影响需要进一步探讨。

3. 市场竞价方式对房地产业市场结构的影响机理

土地市场竞价规制的实施，使房地产开发企业获得土地的竞争程度更加激烈。房地产开发企业的竞价对象具有唯一性，每一宗出让的土地，只能由一个竞争者获得。这就加剧了房地产企业之间的竞争程度，加上土地位置的不可移动性，使竞争程度更加激烈。市场竞价方式增加了房地产企业的土地取得成本，一宗土地成千上亿元的保证金或者购地预付款，提高了行业进入的门槛，为许多企业进入房地产业设置了壁垒。同时，这也迫使很多在位企业，为筹措大额的资金而采取产融结合、企业联合等方式融资。为此，我们可以分析因为资金量大而引发的企业竞争行为。

（1）产融结合。为了获得大量的购地资金，许多房地产企业实施产融结合的融资策略。据统计，在世界500强大企业（集团）中，80%以上曾经实施过产业资本与金融资本的结合，以扩大企业的生产规模和经营范围，增加规模经济和范围经济，促使企业快速发展壮大。产融结合主要体现在企业的并购重组、直接上市融资、与金融产品结合等方式上。房地产企业之间的并购重组可以降低房地产企业数量，房地产企业与非房地产企业之间的并购重组则不会影响企业数量，但会从总资产、销售额方面增加企业的集中度。房地产业并购起数（除2009年下降）和并购金额呈现加速增长的趋势。2004~2008年我国房地产业并购金额达260.32亿元，发生196起并购案；2010年房地产业涉及并购金额174.65亿元，实现并购84起，占各类并购总数的13.5%；2011年前三季度，我国房地产业并购达87起，总交易金额达到了256.65亿元。直接上市融资则不会影响房地产企业的数量，但在资产总额、销售收入方面会增加集中度。因为企业上市融资以后，房地产企业可以购买更多的土地进行房地产开发和建设，销售规模会进一步扩大，企业总资产会进一步提高。房地产业上市企业的数量也一直在增加，2002年有69家，到2013年底已有199家，增加了两倍多，这也显示出房地产企业越来越重视上市融资。这是由于房地产开发的规模越来越大，需要的资金越来越多，企业为了能够获得土地，进行开发建设，开始筹集社会资金。与金融产品如 ABS①、REITs② 等结合，可以使企业获得更多的资金，增强土地储备和房地产开发力度。扩大销售规模，也可以扩大企业的资产规模，从而增加企业销售额和资产总额，但对企业数量并不产生影响。现实中，产融结合的实例时有发生，如复地集团在开发松花江项目上与荷兰 ING 合作，顺驰集团与摩根士丹利合作等，这些可以增加房地产企业的融资能力，扩大企业的土地购置规模，进而扩大房地产企业的销售规模。同时也提高了房地产企业的总资产，但对企业数量没有影响，如表 6-2 所示。

表 6-2　产融结合与集中度关系

—	集中度			企业数量	
	销售规模	总资产	净利润	房地产之间	房地产与非房地产
并购重组	提高	提高	提高	降低	不变
直接上市融资	提高	提高	提高	不变	不变
ABS、REITs	提高	提高	提高	不变	不变
与金融企业联合	提高	提高	提高	不变	不变

① ABS，即资产支撑证券化（Asset Backed Securitization），具体表述为：将某一目标项目的资产所产生的独立的、可识别的未来收益（现金流量或应收账款）作为抵押（金融担保），以在国际资本市场发行具有固定收益率的高档债券来筹集资金的一种国际项目融资方式。ABS 融资方式具有以下特点：与通过在外国发行股票筹资比较，可以降低融资成本；与国际银行直接信贷比较，可以降低债券利息率；与国际担保性融资比较，可以避免追索性风险；与国际间双边政府贷款比较，可以减少评估时间和一些附加条件。

② REITs 是英文“Real Estate Investment Trusts”的缩写（复数为 REITs）。从国际范围来看，REITs 是一种以发行收益凭证的方式汇集特定多数投资者的资金，由专门投资机构进行房地产投资经营管理，并将投资综合收益按比例分配给投资者的一种信托基金。与我国信托纯粹属于私募性质所不同的是，国际意义上的 REITs 在性质上等同于基金，少数属于私募，但绝大多数属于公募。REITs 既可以封闭运行，也可以上市交易流通，类似于我国的开放式基金与封闭式基金。房地产投资信托最早的定义为“有多个受托人作为管理者，并持有可转换的收益股份所组成的非公司组织”。由此将 REITs 明确界定为专门持有房地产、抵押贷款相关的资产或同时持有两种资产的封闭型投资基金。此后，伴随着税法的衍变，REITs 在美国经历了数次重大的调整，同时 REITs 在各国推广的过程中也存在许多差异，但都没有改变 REITs 作为房地产投资基金的本质。不过 REITs 与一般的房地产投资基金有显著区别：REITs 通常可以获得一定的税收优惠，需要满足一定的设立条件等。

（2）企业联合。房地产企业为了在竞争中显示各自的优势，避免在竞争中出现两败俱伤，很多房地产企业走向了企业联合。房地产企业的联合开发模式是指不同的房地产企业之间或是与其他经济主体之间，以各种可能的形式结合起来，共同进行项目的竞标，一般从土地的投标到项目开发以及产品营销等全过程都合作投资，共同承担风险和分享利润。在土地交易竞价过程中，房地产企业会采取横向联合的方式参与竞争，主要是以投标联合体的方式参与项目的竞价，投标联合体可以发挥各自企业的优势，在资金、信息、人才、技术、设备上实现互补。有的企业之间建立某种隐藏的固定关系，平时企业之间并没有多少业务来往，但一旦参与投标时，又会自动走向联合，共同组建联合体参与土地的投标。企业联合的方式出现了新的动向，许多企业在资本市场中进行资产重组，实现资源的最优配置，以更强的竞争力参与项目的竞争。在 2009 年资本市场的并购重组案例中，房地产业的并购重组案例有 41 个，位居各行业之首。

企业之间的纵向一体化联合也是企业之间联合的方式。房地产企业进行纵向联合可以整合产业链，发挥资源优势。整合建筑、建材、水泥、化工等产业，降低成本，发挥规模经济效益。从大多数的研究案例来看，企业集团的营运模式逐渐成为企业发展的方向之一，企业向上下游产业延伸，不断扩大企业的经营范围、提高市场的融资能力。企业集团可以适应房地产开发资金需求量大、开发环节多的特点，以增强企业集团在市场中的竞争能力。

这两种方式对企业的集中度都会产生影响。行业集中度又称市场集中度，是指某行业市场内前 N 家最大的企业所占市场份额的总和。无论是横向联合还是纵向的一体化，都可以提高房地产企业的土地购置能力，增加土地储备和开发能力。房地产企业的销售规模可以提高，净利润也会增加，从而增加了企业的集中度，但总资产并不会增加，而是保持不变。横向联合和纵向一体化联合并不会改变企业的性质，只是在房地产项目上进行合作，因此企业数量也不会发生改变，如表 6-3 所示。

表 6-3 企业联合与集中度关系

—	集中度			企业数量
	销售规模	总资产	净利润	不变
纵向联合	提高	不变	提高	不变
横向联合	提高	不变	提高	不变

《2013 中国房地产开发企业 500 强测评研究报告》指出，全国房地产市场发展速度放缓的趋势由 2011 年延续至 2012 年。由于房地产开发行业对土地这一稀缺资源的依赖性，加之政府对房地产市场调控的常态化，房地产开发告别高增长时代是不可阻挡的趋势。随之而来的是行业集中度进一步提高和企业利润普遍收窄，房地产企业的竞争格局也将日趋激烈。

（3）企业串谋。实施土地的市场化竞价，企业为了获得开发土地，往往采取串谋的方式参与竞争。企业采取串谋的行为，一方面缘于政府和投标人之间的合谋关系，政府部门和个人都存在利益最大化的取向，在监督失效的情况下，土地出让过程中不可避免存在权力寻租。房地产开发企业一般会要求政府官员提供竞价的便利，以便获得好处，政府官员在土地竞价中会扮演协调员的角色，通过“打招呼”“ 施压力”的方式迫使参与竞价的企业做出让步，以便寻租企业获得土地等。另一方面土地市场属于区域性的市场，参与竞价的企业并不多，相互之间有过长期的接触和交往，彼此之间存在一定的利益关联，加上招标过程中，由于信息的不对称，企业间会建立起不完全信息下的合作博弈关系，采取轮候的办法获得土地，即在招标时，各家企业轮流坐庄，采取陪标、串标的方式获得土地使用权。陪标串标的企业并不是真正参与竞争，而是为了制造竞标的假象，以便获得下一次得到土地的机会，这样做直接导致了竞争程度的下降，降低了土地出让的价格。为防止土地出让过程中的串谋行为，有必要设定出让底价，加强对政府官员和企业之间串谋行为的监督。企业串谋只是改变了房地产企业获取土地的方式，对行业集中度和企业数量不会造成影响。

土地出让规制采用市场竞价方式提高了房地产行业的竞争程度，也从不同的角度使房地产市场的集中度提高。房地产市场集中度的提高是行业优胜劣汰、资源优化配置的选择，能够扩大规模效应，促进中国房地产行业更好地发展。

从以上分析发现，总体而言，房地产市场集中度的提高，强化了房地产企业的定价能力，在房地产产品供不应求时，会推高房地产业的价格。这与邓长荣等①研究的“土地市场竞价制度使房地产市场竞争机制得到加强，降低了房地产市场的垄断性”的结论并不一致。

第三节　土地出让规制对房地产业影响的实证分析

实证分析以协议出让方式转变为竞价的出让方式为对象，实证土地规制变化前后对房地产业的价格、产品结构和市场结构的影响。

一、土地出让规制对房地产价格影响的实证分析

为了研究土地出让规制对房地产价格的影响，本书尝试构建房地产价格的回归模型。假设不同的土地出让规制对房地产业住宅价格存在影响。由于政策的实施存在预期效应，分析认为，将规制正式截至 2004 年 8 月 31 日的影响提前到 2004 年第一季度，即从 2004 年第一季度开始，该规制就会产生影响，采用的数据是 2001～2013 年住宅商品房销售价格季度时间序列数据（见附表 1），由于所采集的数据是季度指数环比数据，故调整为基期的时间序列数据（见附表 2）。同时，在做实证分析时，假定这段时间其他规制政策不变，房地产价格只受到该土地规制政策的影响。

用 ZF 表示住宅商品房销售价格（被解释变量），用 ZC 表示出让规制（解释变量），C 表示常数项。将 2001～2013 年的数据（以协议出让为主）设定为没有影响，解释变量用 0 表示，而 2004 年以后的数据（以市场竞价

① 邓长荣，马永开．我国住宅价格多层面因素模型及其实证研究［J］．系统工程理论与实践，2010（1）：12-15.

出让为主）设定为有影响，解释变量用 1 表示，将各参数运用 Eviews6.0 进行回归分析。可以看出，土地规制对房地产价格产生显著的影响，方程的拟合程度可以解释房地产价格的变化。回归方程为：

$$ZF = 1.26387228446 + 2.89136752801 \times ZC$$

说明土地由协议出让改为竞价出让后，房地产价格出现了明显的变化。为了验证土地规制的有效性，根据房地产价格的特点，还需要做一个自回归分析。这是因为房地产价格不仅与土地规制有关，还受上一期价格的影响。这里加入前期的房地产价格变量进行自回归分析，一般认为，前半年期内房地产价格对本期的价格影响较大，半年以前的影响则较小。这里采取房价滞后两期的影响进行分析，得到回归结果。可以看出，土地规制对房地产价格的影响不显著，解释能力弱，方程的拟合程度较好。说明房地产价格受上一期价格的影响较大，而相比之下，土地规制影响并不明显。回归方程为：

$$ZF = 0.060328 + 1.356697 \times ZF(1) - 0.427131 \times ZF(2) + 0.041938 \times ZC$$

从模型分析结果可以看出，土地规制对房地产价格产生了显著的影响，当政策变动时，季度的房价指数变动 2.89 个单位，但当与上一期价格对本期价格的影响程度相比，则又显得较弱。当政策变动时，房价的季度指数变动 0.04 个单位，而受上一期的价格影响较大，当上一期价格变动一个单位时，指数变动 1.36 个单位，上一期价格上涨时，本期价格也出现了上涨。而房地产本期的价格受上上一期价格的影响则较弱，指数变动只有 0.43 个单位，并且是负相关的关系，这可能是因为房地产价格连续两次出现上涨以后，人们会认为价格有一个适当的回调过程。因此，在不考虑其他因素的情况下，土地规制对房地产价格的影响还需要考虑前期价格的影响程度，规制的制定和执行有必要分析前期价格的变动情况。

二、土地出让规制对房地产业产品结构影响的实证分析

这里对产品结构的分析从产品价格的角度进行实证，与房地产价格的实证类似，这里分别对普通住宅商品房、高档房和经济适用房进行回归分

析，在假定其他因素不变的前提下，以 2004 年土地出让规制变换为考察点，将不同产品价格的变化分为前后两个时期。解释变量在前期设为 0，表示土地规制没有变化；在后期设为 1，表示土地规制发生了变化。运用 Eviews6. 0 进行回归分析。GDF 表示高档房价格，JJ 表示经济适用房价格，PSF 表示普通住宅商品房。数据采用 2001~2013 年各类房地产季度的价格指数，与房地产价格的实证类似，将价格指数由环比季度价格指数转变为定基的季度价格指数。回归方程为：

$$PSF = 1.24847680017 + 2.90692230058 \times ZC$$

$$JJ = 1.135389264 + 0.678775054 \times ZC$$

$$GDF = 1.12481468515 + 2.69601453227 \times ZC$$

从回归结果分析发现，在假定其他因素不变的情况下，土地规制对三类住宅的价格指数均存在显著的影响，但方程的拟合度一般，这可能与样本数量较少有关。与房地产价格指数影响类似，如果加入房地产价格的滞后期因素，则土地规制的影响将会非常小，说明土地规制对高档房、中档房和低档房的影响程度不及上期房地产价格的影响程度，土地规制在调控房地产业产品结构上作用有限。

同时，从回归方程上看，对三类住宅影响程度进行分析发现，首先是土地规制对普通住宅商品房的价格指数影响最大，1 个单位规制的变动可以影响 2. 9 个单位的商品房价格指数变动；其次是高档房价格指数，1 个单位规制的变动可以影响 2. 7 个单位的高档房价格指数变动；最后是经济适用房价格指数，1 个单位规制的变动可以影响 0. 6 个单位的经济适用房价格指数变动。说明土地规制的制定和执行对普通住宅商品房的影响程度大于高档房和经济适用房。由于高档房是高收入消费群体，对价格变动没有普通商品房价格变动敏感，加上数量较少，价格变化没有普通住宅商品房的明显。经济适用房则实行政府指导价，利润和管理费用被控制在一定的范围以内，造成价格的变化空间有限，影响的程度自然就会低。因此，在调整住宅结构中，把土地规制作为调控住宅结构的手段有其合理性，政策的变动都会对房地产业的产品结构产生影响，但需要对不同类型产品实施不同的规制力度，这样才能达到预期的效果。

三、土地出让规制对房地产业市场结构影响的实证分析

1. 统计性描述

土地协议出让改为竞价出让是逐步进行的，最后的截止时间是 2004 年 8 月 31 日。国家统计局统计年鉴显示，房地产开发企业总数、房地产业市场结构出现了显著性的变化。

从总量来看，房地产业企业数量从 1999 年的 25762 家上涨到 2013 年的 91444 家，增长率达到 355%。这可能与我国房地产业发展阶段密切相关。我国国有企业改制，存在大量的闲置土地，而土地的来源主要是历史时期形成的划拨土地，许多企业将土地资源作为优质资产，出售或者成立房地产企业进行房地产开发。房地产价格的持续上涨，使许多行业的企业也加入房地产业，从事房地产开发，促使企业数量出现上升。但在 2003~2004 年出现了明显的拐点，这与土地规制由协议出让改为竞价出让密切相关，导致了行业规模的扩大，如图 6-3 所示。

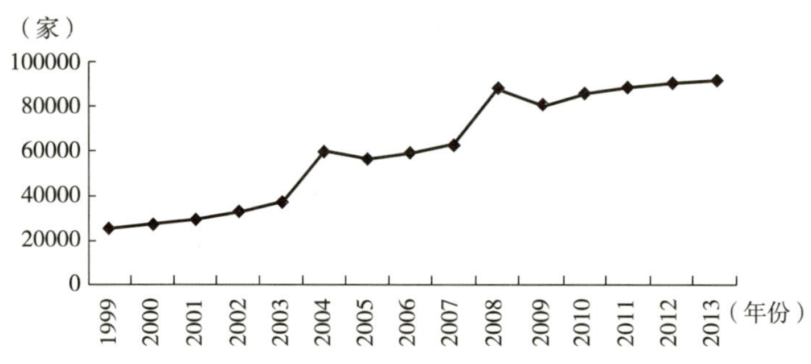

图 6-3　1999~2013 年房地产企业增长趋势

资料来源：中经网统计数据库查询与辅助决策系统。

与国有企业总量类似，2003~2004 年内资企业和外商企业的总量呈现出爆发式的增长，一年之内企业数量增长幅度分别为 62%和 80%，并且外商企业的增长速度快于内资企业。说明原来的协议出让土地并没有市场竞价出让土地的竞争程度高，市场竞争不充分，而市场竞价的土地出让方式

使市场竞争更加激烈，从数据的变动率看，外商企业对土地由协议出让改为市场竞价方式的敏感性较强，如表 6-4 和图 6-4 所示。

表 6-4　房地产业外资企业和内资企业　　　　单位：家

年份	2001	2002	2003	2004	2005	2006	2007	2008	2009	2010	2011	2012	2013
内资企业	25509	28657	33107	53495	50957	53268	56965	81282	74674	79489	83011	84695	86379
外资企业	1084	1077	1176	2108	1890	1923	2029	2364	2100	2052	1843	1713	1674

资料来源：中经网统计数据库查询与辅助决策系统。

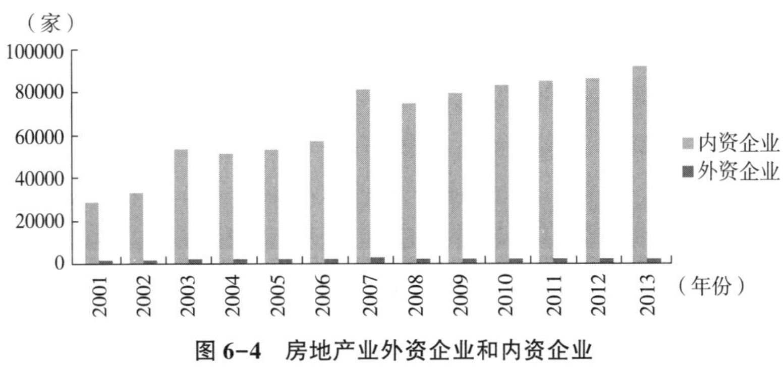

图 6-4　房地产业外资企业和内资企业

与此相反，在 2003~2004 年，国有企业和集体企业的变化数量并不大，这说明国有企业对土地由协议出让改为市场竞价方式并不敏感。同时从总数来看，国有企业和集体企业的总数在减少，2008 年比 1999 年减少约一半，说明市场竞争程度在增加，但也不排除国有和集体企业可能是由于改制的原因导致数量呈现下降趋势，这种变化的原因还需要进一步研究，如表 6-5 和图 6-5 所示。

表 6-5　1999~2008 年房地产业国有企业和集体企业　　　　单位：家

年份	2008	2007	2006	2005	2004	2003	2002	2001	2000	1999
国有	3941	3617	3797	4145	4775	4558	5015	5862	6641	7370
集体	1520	1430	1586	1796	2390	2205	2488	2991	3492	4127

资料来源：中经网统计数据库查询与辅助决策系统。

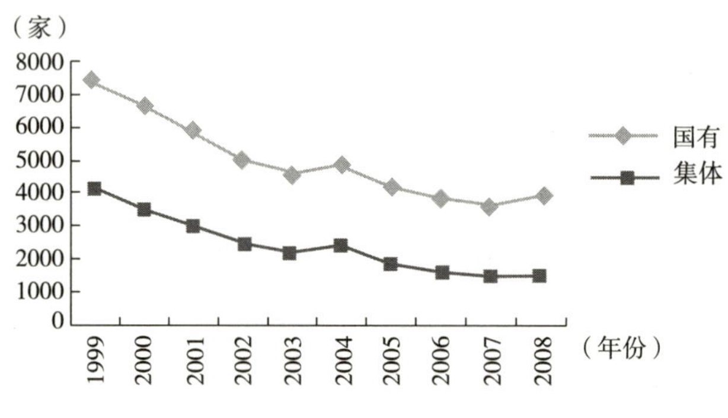

图 6-5 房地产业国有企业和集体企业

同时可以看出，国企和集体企业在 2003 年和 2004 年出现了很大的变化，数量大幅度减少，而其他类型企业数量在大幅度增加，并且这种变化的趋势从 1999~2012 年都存在。只是在 2008 年，国有和集体企业数量才开始有所回升，这可能与当时国进民退的大环境有关，也可能与金融危机政府的 4 万亿投资有关，因为 2008 年后，国有企业数量和集体企业数量也一直呈减少趋势，这说明 2008 年，国有和集体企业数量的增加不是由于经济的长期趋势，而是在特殊时期由针对性政策或者临时重大经济变化引起的。大量房地产企业进入市场后，改变了历史上以国有房地产企业为主体的市场结构，竞争性得到加强。

2. 集中度分析

市场集中度采用贝恩的市场结构分类方法。贝恩认为，市场集中度可以用市场中企业的某些指标反映，典型的指标有销售额、资产总额等，观察前 N 位企业的销售和资产占整个市场的比例，用 CrN 表示，本书采用前 8 个企业的销售收入和总资产表示，$C_rN(N=8)=\sum_{K=1}^{8}Y_K/\sum_{K=1}^{n}Y_K$，Y 为企业的销售收入或者总资产，可以发现市场的集中程度，进而判断市场的垄断程度。贝恩给出了总资产前 8 位的市场垄断判断方法：C_r8 小于 40%时为竞争性市场，C_r8 大于 40%时为寡占市场，后来又有学者进行了细分，认为大于 20%小于 40%为低集中竞争，小于 20%为分散性竞争，见表 6-6。

表 6-6　市场集中度与竞争类型关系

类型	细分	C_r8
竞争性市场	分散性竞争	小于 20%
	低集中竞争	大于 20%小于 40%
寡占市场	寡头垄断	大于 40%

为此，采用 2000~2013 年房地产业开发经营的上市公司前 8 强的数据进行分析，根据巨灵金融服务平台数据库资料，选取的指标有资产总额，其数值及集中度见表 6-7。

表 6-7　2000~2013 年 A 股上市公司房地产业集中度　单位：亿元

年份	总资产	前 8 强总资产	C_r8（%）
2013	71356.09	20529.29	29
2012	57392.50	16302.39	28
2011	34555	10821.95	31
2010	27300	9501.47	35
2009	19612	6350.02	32
2008	7044.82	3404.97	48
2007	5574.31	2627.9	47
2006	3413.95	1401.57	41
2005	2150.67	811.46	32
2004	2216.53	645.52	29
2003	1727.61	463.67	27
2002	1417.34	377.17	27
2001	1263.00	333.31	26
2000	1112.01	294.47	26

资料来源：根据巨灵金融服务平台和中经数据整理获得。

从表 6-7 分析可以得出，2000~2003 年的市场集中度在 27%左右，并在随后的 4 年逐步上升。2005~2008 年，资产占比的集中度从 32%上升到

48%，集中度超过了30%，说明市场2009~2011年的集中度大幅度提升，远高于之前的集中度。这可能是因为土地出让方式由协议出让方式改为市场竞价方式以后，开发企业会对市场产生预期，认为房地产价格还会上涨，存在捂盘惜盘、待价而售的心理；同时许多小的房地产开发企业由于资金量小、资质受到限制，许多大的开发土地项目不能参与竞争，导致小企业在资产总额的占比下降；另外，市场竞价方式使房地产开发企业数量迅速扩大，但单个企业规模普遍较小，不能形成规模效应，导致市场集中度提高。2009~2012年，市场集中度又开始下降，可以从国资委出台规定78家不以房地产为主业的央企正在加快进行调整重组，在完成企业自有土地开发和已实施项目等阶段性工作后，要退出房地产业务的规制政策进行解释，大的房地产企业纷纷退出房地产市场，原有的市场份额又逐步回到市场，被中小房地产企业占有，无意会降低市场的集中度，2013年的市场集中度相对于2012年的集中度有所回升，这与中央政府调结构、稳增长的整体目标有关，导致市场融资成本上升，市场竞争进一步加剧，中小房地产企业出现倒闭破产有关。分析这几年房地产企业数量的变化，发现企业数量在迅速增加。1996年房地产开发企业数量为1991家，而到了2005年增加到56290家，2009年则达到80407家，到2013年已有91444家①。这是由于我国房地产经历了爆发式增长的结果，尤其是在黄金十年的时间里，房地产业的平均利润率高于社会平均收益率，越来越多的企业将目光转向了房地产业，导致房地产企业数量迅速增加。总体看，我国的房地产开发企业的集中度是在提高，而且已经形成寡占的市场结构，这与刘会洪、袁蕾（2010）的研究结论相一致②，他们采用2003~2007年全国各地数据进行勒纳指数的实证研究，得出了市场垄断程度在不断提高的结论。

3. 实证分析

下面分析土地出让规制对不同类型企业的影响程度。假定其他因素不

① 资料来源：中经网统计数据库查询与辅助决策系统。

② 刘会洪，袁蕾．我国房地产市场结构测度及影响因素——基于地区面板数据的实证分析[J]．工业技术经济，2010（3）：15-18.

变，以 2004 年土地出让规制截止时间为考察点，将不同类型企业数量的变化分为前后两个时期：将解释变量在前期设为 0，表示土地规制没有变化；在后期设为 1，表示土地规制发生了变化，运用 Eviews6.0 进行回归分析。这里将企业分为国有、集体、内资和外资四种类型，其中 GY 表示国有企业数量；JT 表示集体企业数量；NZ 表示内资企业数量；WZ 表示外资企业数量。各类企业的回归方程如下：

$$GY = 5370.2 - 1495.2 \times ZC$$

$$JT = 2713.2 - 1130.2 \times ZC$$

$$NZ = 32809 + 27809 \times ZC$$

$$WZ = 1314.4 + 737.1 \times ZC$$

对回归结果分析认为，土地出让规制对各类企业的数量均存在显著的影响，回归方程的拟合度可以用于解释这种数量的变化。

从影响程度来看，对内资企业的边际影响程度最大，其次依次是国有企业、集体企业和外资企业。其中国有企业和集体企业与土地出让由协议出让方式改为市场竞价方式呈负相关关系，说明变动土地出让的规制降低了企业的数量；而内资企业和外资企业在土地出让由协议出让方式改为市场竞价方式是正向的关系，说明采用市场竞价的方式供应土地，增加了企业数量，提高了市场竞争程度，许多企业因此进入房地产业。外资在国内企业的数量中，毕竟是少数，所以影响程度不如内资企业。国有企业和集体企业由于机制不如民营企业灵活，适应市场速度较慢，加上企业改制等原因，导致数量减少。

在 2008 年国有企业和集体企业的数量又出现了回升，这一变化的原因是由于当时全球金融危机，政府为了救市而导致的一种临时现象，并非由于土地出让规制的影响，这一点从 2009 年之后房地产国有企业和集体企业开始减少能够看得出来。因此，土地出让规制对企业数量存在一定的影响，使企业数量出现了一定增长，其中对内资企业影响程度比外资大，而对国有企业和集体企业的影响使这些企业数量出现了减少，并且国有企业减少的数量比集体企业多。

土地出让规制变化对房地产价格、产品结构均存在显著的影响，但其作用在减弱，说明土地出让规制由协议出让变为市场竞价方式时，对房地产价格和产品结构的影响不如上一期价格的影响大。而对不同类型企业其影响程度不一样，内资企业影响程度高于外资企业；国有企业受到的影响高于集体企业。但作用的方向不一样，内资企业和外资企业的数量在增加，而国有企业和集体企业的数量在减少。因此，土地规制对房地产价格、产品结构和市场结构具有一定的影响作用。但在实施房地产价格、产品结构和产业市场结构调整时，还需要考虑上一期价格等其他因素，要达到预期的调控目标，单一的土地规制作用并不明显。

第七章
土地规制与联动因素的影响比较

本章将以比较研究的视角，研究土地规制对房地产业的影响。由于土地规制多而复杂，不能将所有的规制进行比较分析，这里采取比较研究的方法考察土地规制的实施对房地产业的影响效果。

土地规制的实施影响土地供求关系和土地利用、储备、征收拆迁、出让等，而这些又通过土地供给、土地利用和土地价格影响房地产业的价格、产品结构和市场结构。在这些因素中，土地的供给和土地价格是主要的因素，这里将采取与土地供给和价格有关的一些指标来衡量土地规制的作用，这些指标已经受到了各种土地规制的影响，是土地规制综合作用的结果。

与土地出让规制类似，这里以房地产业的价格、产品结构和市场结构为对象，分析土地规制对其影响程度，比较不同因素的影响效果。

第一节　房地产价格影响的比较

影响房地产价格的因素较多，这里选取的影响指标是与土地供给关系密切的一些指标，主要有待开发土地面积、本年购置土地面积，而比较因素主要是利率、货币供应量、收入水平、外汇、GDP 以及城市化率 6 个指标，比较分析这些指标对房地产价格的影响程度，从而确定土地规制在这些指标中对房地产价格的作用。

一、土地规制对房地产价格的影响机理

土地规制对房地产价格的影响既有正向关系，也有负向关系。一般认为土地规制对房地产价格影响主要是通过土地供给量实现的。土地供给量决定了开发企业的土地可利用面积，当土地的供给量增加时，市场上可利用的土地就会增加，相应的住宅供给量也会增加，房地产价格会出现下跌，相反，当土地供给量减少时，市场上可利用的土地会减少，相应的住宅供给量则会减少，房地产价格就会出现上涨。因此，从这一角度看土地的供给量与房地产价格呈现负相关。

这里将土地分为待开发土地和本年购置土地两个指标，待开发的面积增大，则说明土地闲置越多，开发建设房屋的土地越少，市场上可以提供的住宅就越少，需求竞争会导致房地产价格的上涨。本年购置面积则相反，当开发企业本年购置的土地面积越多时，可以开发的土地也就越多，住宅的供给量会增加，增加住宅的供给会降低房地产价格，土地规制对房地产价格既可能是正向的影响，也可能是负向的影响。由于待开发面积有一定年限的限制，开发企业要求在规定的时间内完成土地的开发建设，因此待开发的土地面积对房地产价格的影响要低于本年购置土地面积对房地产业的影响。一般而言，土地供给越多，房地产价格就会越低。

房地产价格用房地产价格指数来表示，这里假定房地产价格指数已经真实地反映了房地产价格的变化，采用销售价格指数表示。

二、联动因素对房地产价格的影响机理

联动因素主要有利率、汇率、货币供应量、收入水平、城市化率和GDP，下面将就这些因素对房地产价格的影响机理进行具体分析。

1. 利率

利率的含义有两种，它既可以指贷款利率，也可指存款利率，到底采

用贷款利率还是存款利率，本书认为房地产的开发建设所需要的资金往往是企业向银行贷款筹得，同时购房者购买房地产一般难以一次性付清购房款，多数是按揭购得，那么，这也同样是需要偿还贷款利息，所以用“贷款利率”比用“存款利率”更恰当。

当贷款利率上升时，开发企业的银行还贷数量就会增加，给开发企业的还款带来压力，于是就会减少房地产开发，导致市场上的住宅供给减少，价格上升。一方面，贷款利率的增加，会使开发企业将利率成本分摊到出售的住宅中，导致房地产价格出现上涨。另一方面，贷款利率也会对购房者产生影响，当利率上升，相同数量贷款相同还款时间的还款数额增加，增加了购房者的负担，于是他们就会减少对房地产产品的需求，导致房地产价格下跌。但从总体上来看，对开发企业的影响将会小于对购房者的影响，房地产价格会出现下跌。因此，总体上贷款利率与房地产价格呈现负相关系。

2. 汇率

汇率是一国货币兑换另一国货币的比率，是以一种货币表示另一种货币的价格。由于世界各国货币的名称不同，币值不一，所以一国货币对其他国家的货币要规定一个兑换率，即汇率。从短期来看，一国的汇率由对该国货币兑换外币的需求和供给所决定。外国人购买本国商品、在本国投资以及利用本国货币进行投机会影响本国货币的需求。本国居民想购买外国产品、向外国投资以及外汇投机都影响本国货币供给。在长期中，影响汇率的因素主要有相对价格水平、关税和限额、对本国商品相对于外国商品的偏好以及生产率。

在全球经济一体化的趋势下，国际资本在我国房地产业的参与程度不断提高，一方面短期投机资本的流动和人民币的升值预期，导致房地产市场中存在由于外资流入导致的流动性泛滥，另一方面房地产价格的上涨会进一步加剧外资的继续流进，这种状况的形成机理是当人民币对美元的汇率上升时，就会有大量的“热钱”进入内地，当“热钱”进入内地以后，市场上投放的货币量增加，流动性出现过剩，推高了整个市场的价格水平。同时，也会有相当一部分资金进入房地产业，购买具有保值增值的房地产产品，导致了对房地产产品需求的增加，进而推高了房地产价格。相反，当汇率下跌时，相当多的外汇就会流出内地，造成内地的房地产价格下跌，外汇汇率与房地产价格是正向相关关系。这里以 2000~2008 年人民币对美元的年内各期平均值作为参考依据。

3. 货币供应量

货币供应量是指货币政策导致的货币发行数量，这种政策会通过资金层面对房地产产生影响。房地产行业是资金密集型行业，房地产市场的供给方房地产开发企业和需求方消费者，在参与市场中时一般都需要向银行等金融机构获得资金贷款，因此房地产行业的迅速发展很大程度上依赖于金融业对房地产的支持。

货币供应量对房地产价格的影响可以通过利率、银行信贷、资产价格等渠道达成。货币供给量的增加，势必会使得大量资金流入房地产行业，包括房地产的投资方，也包括房地产产品的消费者，从而引起房地产价格的上涨。很显然，当市场的货币发行量过多时，就会出现流动性过剩，充裕的资金量会购买大宗产品和具有保值增值的产品，房地产被认为是具有保值增值的产品，资金会大量进入房地产业，购买房地产产品，使房地产价格不断被推高，因此，货币供应量与房地产价格是正向关系，这里采取货币供应量（M2）指标来衡量，用货币供应量增长率表示。

4. 收入水平

收入水平是从需求方面看它对房地产业的影响，人们的购买力会对房地产价格产生影响。当人们的收入增加时，对住宅购买力就会增强，消费水平上升。一方面影响改善型的住宅消费，另一方面新增的消费者也会形成住宅消费群体，增加了对房地产产品的需求，在供给增长缓慢的情况下，短期内需求的增加会导致价格上涨。相反，当收入水平下降时，人们购买房地产产品的欲望就会下降，导致对房地产的有效需求减少，价格就会下跌。

同时，当前我国居民的购房款大多是采取银行按揭贷款的形式，收入水平下降意味着还款能力下降，这也限制了购买第二套住房的投资性需求，房地产价格难以上涨。因此，收入水平与房地产价格呈现正向相关关系，这里采取城镇居民家庭人均可支配收入指标来表示收入水平。

5. 城市化率

城市化在经济学中的基本含义是指由于工业化而引起的人口向城市集中的过程。我国《城市规划基本术语标准》把城市化定义为：人类生产和生活方式由乡村型向城市型转化的历史过程，表现为乡村人口向城市人口转移以及城市不断发展和完善的过程。城市化率是对城市指标的综合反映，综合考虑了城市人口、经济、社会、生活方式、地域环境等方面的内容。在强调人口转移、职业转移和产业集中的同时，突出了生活方式和都市文明的扩散过程①。

在城市化进程中，除了人口和产业向城市集聚以外，还包括生产方式、交换方式和生活方式向规模化、集约化、市场化和社会化方向的转换。其主要体现在如下两个方面：一是人口城市化。人口城市化会导致城市人口数量的增加，表现在人口向工业区聚集、农业人口转化为非农业人口，从而使城市人口占总人口的比重不断上升，导致对住宅需求的增加。二是经济城市化。经济的发展扩展了城市的发展空间，增加了房地产业开发产品的数量，改善了城市的生活条件和文明程度，从而总体上提高了城市的品质，使城市房地产价格上升。城市化对房地产价格的影响是正向的关系，当城市化率提升时，房地产价格就会上涨，反之就会下跌。这里用城镇化率，即城镇人口除以总人口表示。

6. GDP

GDP 的增长对房地产价格可以产生推动的作用。近几年我国经济出现了较快的增长，GDP 的增长一定程度上会刺激房地产的投资，社会对房地产形成了新的需求，从而推高房地产价格。GDP 与房地产价格是正向的相

---

① 张亘稼．城市化率指标体系探讨［J］．云南财贸学院学报（社会科学版），2007（1）：12-13.

关关系。GDP 用国内生产总值环比指数表示。

三、关于房地产价格影响的实证比较分析

为了研究土地规制对房地产价格的影响，这里尝试建立房地产价格的回归模型。假设土地规制政策、收入水平和城市化率以及主要的金融政策、货币政策与房地产价格存在线性关系。将收入水平（城镇居民家庭人均可支配收入）、城市化率（城镇化率）、利率（一年期法定贷款利率）、汇率（人民币对美元）、货币发行量（M_2）、待开发土地面积、新购置土地面积和 GDP 环比指数作为自变量，将房地产价格作为因变量，探讨它们的相关关系。上述各类指标 2000~2013 年的数据见表 7-1。

这里选取 2000~2013 年的数据，数据来源是国家统计局数据库、中国经济信息网数据库、国务院发展研究中心数据库等，采用线性回归分析的方法分析七个要素对房地产价格的影响程度。建立的回归方程如下：

$$\ln S=\pi_1+\pi_2\ln ll+\pi_3\ln gd+\pi_4\ln hb+\pi_5\ln sr+\pi_6\ln hl+\pi_7\ln cs+\pi_8\ln dk+\pi_9\ln gz+\varepsilon_1$$

其中：S 表示房价，采用每平方米住宅商品房的销售价格表示；ll 表示法定一年期贷款利率，采用百分比表示；gd 表示国内生产总值环比指数，由于利率会调整，这里以年初基准利率确定；hb 表示货币供应量增长率，采用 M_2衡量并采用百分比形式表示；sr 表示城镇居民家庭人均可支配收入，采用人民币表示；hl 表示汇率的变化；cs 表示城市化率，采用建成区单位面积上的人口数表示，即每平方公里的人数；dk 表示待开发土地面积，以万平方米为单位；gz 表示当年购置的土地面积，以万平方米为单位；ε_1 表示随机误差项。

通过 SAS8.0 软件进行回归得到的参数结果是“.”，说明各参数之间存在高度的自相关。

表 7-1　各个要素的比较数据指标——房地产价格

年份	利率（%）	房价（元）	GDP（指数）	货币供应增长率（%）	收入水平（元/年）	汇率（100 元人民币/美元）	城市化率（%）	待开发土地面积（万平方米）	当年购置土地面积（万平方米）
2000	5. 850	1948	108. 40	12. 30	6279. 980	827. 8617	442. 0	14754. 80	16905. 20
2001	5. 850	2017	108. 30	14. 40	6859. 600	827. 7117	588. 0	14582. 10	23409. 00
2002	5. 310	2092	109. 10	16. 80	7702. 800	827. 6867	754. 0	19178. 70	31356. 80
2003	5. 310	2197	110. 00	19. 60	8472. 200	827. 7067	847. 0	21782. 60	35696. 50
2004	5. 850	2608	110. 10	14. 70	9421. 600	827. 6933	865. 0	39635. 30	39784. 70
2005	5. 850	2937	111. 31	17. 60	10493. 00	825. 1183	870. 0	27522. 00	38253. 70
2006	5. 985	3119	112. 68	17. 00	11759. 50	802. 3895	2238. 2	37523. 70	36573. 60
2007	6. 930	3645	114. 16	16. 70	13785. 81	705. 6878	2104. 0	41484. 00	40245. 80
2008	7. 065	3576	109. 63	17. 80	15780. 76	706. 3863	2080. 0	48161. 10	39353. 40
2009	5. 310	4459	109. 20	27. 70	17174. 70	683. 10	48. 3	32816. 54	31909. 45
2010	5. 310	4725	110. 40	19. 70	19109. 40	676. 95	49. 9	31457. 95	39953. 1
2011	5. 81	4993	109. 30	13. 60	21809. 80	645. 88	51. 3	40220. 76	44327. 44
2012	6. 560	5430	107. 70	13. 80	24564. 70	631. 25	52. 6	40195. 99	35666. 8
2013	6. 000	5850	107. 70	13. 60	26955. 10	619. 32	53. 7	42280. 47	38814. 38

为了规避自变量之间的多重共线性问题，这里采用岭回归的方法进行分析，根据不同岭参数估计结果作岭迹图，见图 7-1，并得到不同的岭参数下各自变量的标准回归系数。

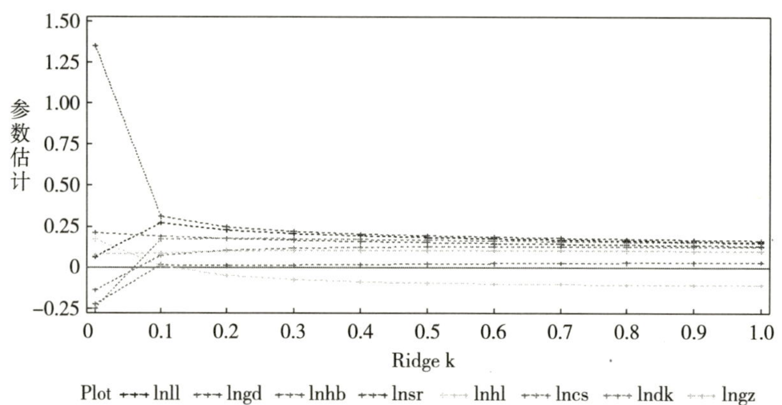

图 7-1　绘制不同岭参数时自变量变化情况的岭迹图

从图 7-1 中可以看到，当岭参数大于 0.1 时，自变量的回归系数趋于平稳（以水平直线为渐进线），故选岭参数为 0.2 时的标准化回归方程如下：

$$\ln S' = 1.37E-15 - 0.228\ln ll' + 0.174\ln gd' + 0.012\ln hb' + 0.247\ln sr' - 0.049\ln hl' + 0.103\ln cs' + 0.176\ln dk' + 0.099\ln gz'$$

SAS8.0 软件在标准化处理时，是按照新数据 =（原数据-均值）/标准差对数据进行处理的，转换为原方程按照上述公式进行倒算。同时，由于本书的目的是比较上述几种要素对房地产价格的影响程度，因此，将标准化方程转化为原方程时，只需要考虑其系数即可，常数项用 k 代替，则方程转变为下面的还原方程：

$$\ln S = -0.564\ln ll + 2.426\ln gd + 0.021\ln hb + 0.195\ln sr - 0.175\ln hl + 0.043\ln cs + 0.094\ln dk + 0.082\ln gz + k$$

从还原方程各个指标的系数对比可以看出，GDP 对房地产价格的变化解释能力最强，其次是利率水平，再次是收入水平，最后依次是汇率、待开发土地面积、新购置土地面积、城市化率和货币发行量增长率，说明与 GDP、利率水平、收入水平和汇率相比，我国土地规制对房地产价格影响并不大，要想降低房地产价格，除了实施土地规制外，还需要同其他因素结合起来考虑。当前，解决普通居民的住房问题，在加强土地规制政策的制定和执行的同时，仍然要大力发展经济、降低利率、提高收入水平和降低汇率水平，以增强居民的购买力水平。

第二节　房地产业产品结构影响的比较

一、土地规制对房地产业产品结构的影响机理

土地规制对房地产业产品结构的影响体现在以下两个方面。

1. 土地规制的直接限制

例如规定土地供给的住宅类型以及面积等，如 2005 年《国务院办公厅转发建设部等部门关于做好稳定住宅价格工作意见的通知》(国办发［2005］26 号) 中规定，对中小套型、中低价位普通住宅给予优惠政策支持，原则上应同时满足以下条件才能给予优惠：住宅小区建筑容积率在 1.0 以上、单套建筑面积在 120 平方米以下、实际成交价格低于同级别土地住宅平均交易价格 1.2 倍以下。2006 年，国务院办公厅转发建设部等 9 部委《关于调整住宅供给结构稳定住宅价格的意见》中提出了重点建设中低价位、中小套型普通商品住宅，由此导致中国住宅供应体系发生了较大的变化。由以经济适用房为主转变为以普通住宅商品房供应为主，政策所体现的市场化程度更高。从 2006 年 6 月 1 日起，凡新建新批的住宅商品房套型面积 90 平方米以下的所占比重，必须达到开工总建筑面积的 70%以上。优先保证中低价位、中小套型普通住宅商品房和廉租房的土地供应，年度供应量不得低于居住用地供应总量的 70%，暂停别墅类房地产开发项

目的土地供应。2004 年对经济适用房控制在中小套型范围内，中套住宅面积控制在 80 平方米（±5 平方米），小套住宅面积控制在 60 平方米（±5 平方米）。2007 年则对这一规定做了修改，明确经济适用房的供应对象为城市低收入住宅家庭，建筑面积控制在 60 平方米左右等。直接规制具有强制力，房地产开发企业要遵守并执行。

2. 土地的供应量可以影响住宅产品结构

当土地供给充裕时，开发企业对开发住宅的类型就会有较多的选择。由于高档住宅的销售时间一般长于中低档住宅，而利润率高于中低档住宅，资金充足的大型房地产开发企业就会在中高低档住宅之间进行合理的搭配。对中小开发企业而言，为了尽快回笼资金，多数会选择销售较快、利润率低于高档住宅的中低档住宅进行开发建设。当土地供给较少时，大型开发企业也会选择中低档次的住宅开发建设，这样可以快速回笼资金，此时的产品结构偏向于中低价位的住宅。

住宅结构的指标采取经济适用房在总住宅的占比和别墅类住宅在总住宅中的占比来衡量。土地供应则采用每年新购入土地面积来衡量。

二、联动因素对房地产产品结构的影响机理

联动因素主要是指家庭收入、家庭人口结构、利率水平、GDP 和货币供应量对房地产业产品结构的影响 5 个方面，下面将就这些因素对房地产价格的影响机理进行具体分析。

1. 家庭收入

家庭收入对房地产业产品结构的影响是直接的。家庭收入可以反映人们选择住宅的结构，居民购房一般以家庭为单位，当家庭收入增加时，人们一般会选择中高价位的住宅，反之则会选择低价位的住宅。开发企业的建房目标也是根据人们的住宅选择来建设。因此，家庭收入水平会影响开发企业的行为，进而影响产品供给结构。一般认为，家庭收入与房地产业

高中低档住宅呈现正向相关关系，这里采取城镇居民家庭人均可支配收入指标表示。

2. 家庭人口结构

家庭人口结构对住宅产品结构也有一定的作用。在当前高房价的现实条件下，对居住型的住宅需求可以用家庭人口结构来解释，人口越多劳动力越多，在收入有限的前提下，就会选择较大户型的住宅；相反，人口较少就会选择较小的住宅，来满足自己的住宅需求。而对改善型的住宅需求，家庭人口结构的解释能力较弱，特别是对别墅类住宅，有时这类需求与人口结构并不存在对应的关系。因此，家庭人口结构对中低价位房有一定的解释作用，但对高档住宅并不一定起作用。对家庭人口结构采用户平均家庭人口（人）数来表示，家庭户人口数有别于集体户人口数，它反映的是城镇家庭人口结构，所以用家庭户人口数是比较合理的。

3. 利率

同本章第二节一样，这里的利率也是指贷款利率，利率对房地产业产品结构的影响是通过成本作用的。一方面，由于住宅的高价值量，一般家庭难以承受一次性的购房付款方式，购房者基本上需要申请银行贷款购房。贷款的成本成为购房者是否购房以及购置什么样住宅的重要参考因素。当银行贷款利率上升时，购房者的成本会增大，此时人们就会倾向于购买心理价位较低的住宅，以减轻还款压力。相反，则会选择购买心理价位较高的住宅，从而使住宅结构出现变化。

另一方面，利率对开发企业的影响同样是通过成本实现的，当开发高档住宅时，由于其销售时间较长，资金回笼慢，会影响开发企业后续的开发策略，贷款利率的上升会增加房地产企业的开发成本，那么开发企业会选择中低价位的住宅开发，以加快资金的回款速度；反之，则会选择开发利润率较高、资金成本较低的住宅。由此可见，利率与产品结构呈负相关关系，即利率上升，开发企业倾向于开发中低价位住宅，当利率下降时，开发企业会选择开发利润率较高的中高档住宅。这里采用法定 5 年以上的贷款利率指标衡量。考虑到房地产开发企业对于房地产产品结构的影响强于购房者对房地产产品结构的影响，所以分析中长期贷款利率的影响更为合适。

4. GDP

GDP 反映的是经济增长状况，经济增长对住宅产品的消费会产生影响。当经济发展速度较快时，人们的购买力持续增强，就会倾向于购买价格较高、位置较好的中高档住宅，而当 GDP 增长速度下降，人们对自己未来收入的预期就会倾向于购买中低价位的住宅，可以认为 GDP 的增长速度与住宅产品结构呈正向的关系。在这里，GDP 的衡量采用国内生产总值环比指数表示。

5. 货币供应量

货币供应量对住宅产品结构的影响较明显。当货币供应量增加时，用于购买住宅的货币就会增加，对中高档住宅的购买力就会增强，人们倾向于购买中高档住宅，其占比就会增加；相反，货币供应不足，就会导致对中高档住宅购买较弱，人们倾向于购买低于自己心理价位的住宅。因此，货币供应量可以反映人们购买高中低档住宅的状况。同时，当货币供应量增加，开发企业也就倾向于供应市场需求较多的中高档房，而减少对低档房的供给，产品结构就趋向于中高档房，而低价位的住宅供给就会较少，反之亦然。这里的货币供应量用货币供应增长率衡量。

三、房地产业产品结构影响的实证比较分析

同房地产价格的分析类似，这里也采用岭回归的分析方法。将房地产业的产品结构作为因变量，将利率（法定 5 年以上的贷款利率）、收入水平（城镇居民家庭人均可支配收入）、GDP 环比指数、家庭人口结构（家庭户人口数）、货币供应量（货币供应增长率）和土地购置面积

作为自变量，并假定这些要素与房地产业的产品结构之间存在线性关系，上述各类指标2000~2013年的数据见表7-2。

表7-2 各要素指标的比较数据——产品结构

年份	利率（%）	收入水平（元/年）	GDP（指数）	家庭人口结构（人/户）	货币供应量（%）	经济适用房①/住宅	别墅/住宅	土地购置面积（万平方米）
2000	6.21	6279.98	108.40	3.13	12.30	21.77	4.79	16905.2
2001	6.21	6859.60	108.30	3.10	14.40	18.98	4.77	23409.0
2002	5.76	7702.80	109.10	3.04	16.80	15.21	6.56	31356.8
2003	5.76	8472.20	110.00	3.01	19.60	12.16	5.36	35696.5
2004	6.12	9421.60	110.10	2.98	14.70	8.88	6.21	39784.7
2005	6.12	10493.00	111.31	2.96	17.60	6.37	5.14	38253.7
2006	6.62	11759.50	112.68	2.95	17.00	6.80	6.30	36573.6
2007	7.49	13785.81	114.16	2.91	16.70	6.10	6.24	40245.8
2008	7.07	15780.76	109.63	2.91	17.80	6.72	5.19	39353.4
2009	5.940	17174.70	109.20	3.15	27.70	5.74	3.91	31909.45
2010	5.940	19109.40	110.40	3.1	19.70	3.80	3.93	39953.1
2011	6.400	21809.80	109.30	3.02	13.60	4.77	3.84	44327.44
2012	7.050	24564.70	107.70	3.02	13.80	4.29	3.24	35666.8
2013	6.550	26955.10	107.70	3.05②	13.60	4.53	3.05	38814.38

表7-2数据来源是国家统计局数据库、中国经济信息网数据库、国务院发展研究中心数据库等，计量模型如下：

$$\ln g_i = \pi_1 + \pi_{i1}\ln l_i + \pi_{i2}\ln s_i + \pi_{i3}\ln gdp_i + \pi_{i4}\ln j_i + \pi_{i5}\ln h_i + \pi_{i6}\ln t_i + \varepsilon_i$$

其中，g_i（i=1，2）分别表示高档房新开工建筑面积与住宅新开工建筑面积的比例和低档房新开工建筑面积与住宅新开工建筑面积的比例，l_i、s_i、gdp_i、j_i、h_i、t_i分别表示利率、收入水平、GDP、家庭人口结构、货币

① 由于很多地方取消了经济适用房，很多地方对经济适用房并没有做统计，这里采用前两年的移动均值代替。

② 2013年的人口统计数据尚未公布，本书采用前三年数据的平均值测算。

供应量和土地购置面积对产品结构的影响，利率采用5年期以上的贷款利率；收入水平采用城镇居民家庭人均可支配收入；GDP采用国内生产总值环比指数；家庭人口结构采用家庭户人口数；货币供应量采用货币供应增长率表示；土地购置面积采用本年购置土地面积表示，以万平方米为单位。ε_i表示随机误差项，i=1时表示高档房，i=2时表示低档房。

运用SAS8.0软件进行岭回归，得到岭迹图7-2、图7-3和不同的岭参数下各自变量的标准回归系数。

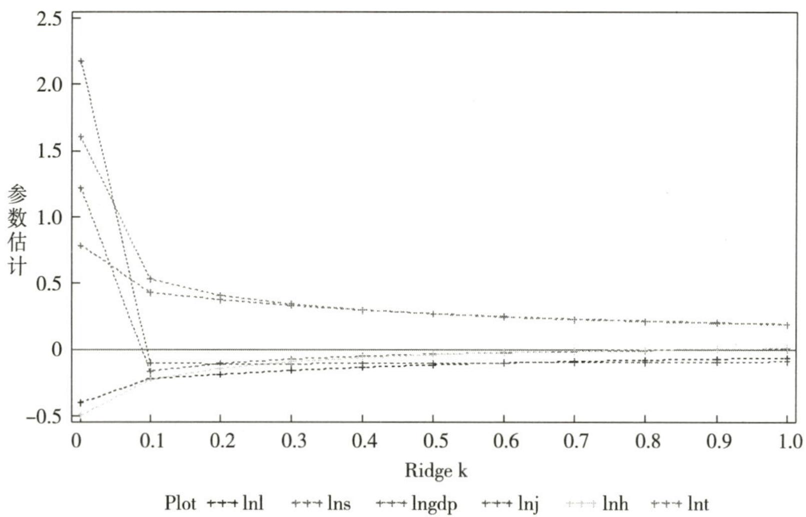

图7-2　高档房不同岭参数时自变量变化情况的岭迹图

从图7-2中可以看出，在当岭参数大于0.1时，自变量的回归系数趋于平稳（以水平直线为渐进线），故选岭参数为0.2时的标准化回归方程，根据回归结果并将系数保留小数点后三位，得到的标准化方程：

$lng_1' = -1.56E-14-0.188lnl'+0.106lns'+0.375lngdp'+0.110lnj'+0.142lnh'+0.408lnt'$

同高档房类似，从图7-3中可以看出，在当岭参数大于0.1时，自变量的回归系数趋于平稳（以水平直线为渐进线），故选岭参数为0.2时的标准化回归方程，根据回归结果并将系数保留小数点后三位，得到的标准

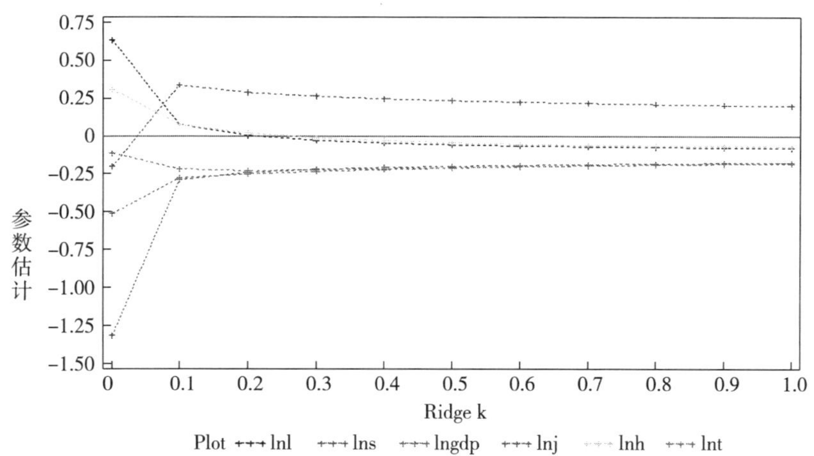

图 7-3 低档房不同岭参数时自变量变化情况的岭迹图

化方程如下：

$$\ln g_2' = 9.58E-15 + 0.003\ln l' + 0.240\ln s' + 0.250\ln gdp' + 0.288\ln j' + 0.018\ln h' - 0.229\ln t'$$

分别将高档房的标准化方程和低档房的标准化方程还原成原方程，由于是比较不同的因素对高档房占比和低档房占比的影响，这里将常数项分别用 k_1、k_2 代替，则还原方程为：

$$\ln g_1 = -0.267\ln l + 0.144\ln s + 14.828\ln gdp + 0.532\ln j + 0.128\ln h + 0.172\ln t + k_1$$

$$\ln g_2 = 0.016\ln l + 1.296\ln s + 39.290\ln gdp + 5.528\ln j + 0.0647\ln h - 0.384\ln t + k_2$$

对第一个还原方程系数研究可以发现，GDP 的增长对高档房占住宅开发面积的解释力最强。说明随着生活水平的提高，人们有消费高档房的倾向。本年新购置土地面积对高档房的解释能力高于收入水平和货币增长率，但低于利率、家庭人口结构的解释能力，说明土地规制对高档房的影响高于收入水平和货币发行量，但其对高档房所起的作用又不如利率和家庭人口结构的影响程度。对第二个还原方程系数研究发现，GDP 也对经济适用房开发面积的占比有强的解释力，其次是家庭人口结构和收入水平，最后依次是本年新购置土地面积占比、利率和货币发行量。低档房主要面向低收入家庭，因此家庭人口结构、收入水平对住宅需求具有较强的解释能力。

从还原方程式对比来看，土地规制对产品结构影响程度不尽相同，对高档房的影响程度低于对低档房的影响程度。土地购置面积对高档房是正向的影响，即购置的土地面积越多，高档房的供给就越多，而对经济适用房是负向的影响，当土地以竞价的方式出让时，在总量不变的前提下，经济适用房的建设面积自然减少。如果按照同比的口径计算，从方程式的系数可以看出，新购置一个单位的土地面积所增加的高档房占住宅的比例大约是减少一个单位土地面积所减少经济适用房比例的一半，即土地新购置面积的大小对高档房的影响程度要小于对经济适用房的影响程度。综合来看，GDP 对住宅的产品结构具有很强的作用。无论是高档房还是低档房，土地的作用只是处在中等水平，对高档房而言，利率和家庭人口的影响高于土地规制的影响程度，这与机理的分析中家庭人口对高档房影响没有直接的相关存在一定的出入，这一现象值得关注，而对低档房而言，收入水平和家庭人口的影响高于土地的影响程度。因此，为了调整住宅产品结构，在制定和执行土地规制时，还必须与货币政策、家庭人口结构、利率、收入水平等结合起来，特别是利率和收入水平，这样会产生更好的效果。

第三节　房地产业市场结构影响的比较

在产业经济学中，市场结构通常采用集中度来表示，用市场中前几名企业所占整个产业的资产、产品、市场份额等指标衡量市场的集中度，进而判断产业的市场结构。本书除了分析土地规制对房地产业市场结构的影响之外，还将分析联动因素对产业市场结构的影响，探寻这些因素对房地产业影响的机理，并采用 A 股上市公司房地产板块的数据，分析土地规制对房地产业市场结构的影响。在实证分析中，将比较各因素对产业市场结构的影响程度。

一、土地规制对房地产业市场结构的影响机理

土地规制对房地产业市场结构的影响主要是通过土地出让和利用实现的，可以将土地规制的影响分为两个方面：

1. 住宅用地价格

土地市场可以说是被地方政府完全垄断的市场，地方政府控制土地的出让，通过提高土地价格获得高额的收益。而高额的地价限制了开发企业获得土地的数量，在一定程度上影响土地和住宅的开发规模和数量，进而影响销售收入。一般认为土地价格越高，土地的交易越只能在大型的房地产企业中产生，也就越容易形成较高的集中度。土地价格较低时，房地产开发企业获得土地较容易，就会有更多的开发企业进入市场，集中度就会降低。因而住宅用地价格可以用来作为土地规制的指标之一，这里采用住宅用地价格指数来反映土地的价格变化。

2. 土地的储备量

土地储备反映了开发企业获得土地的能力，房地产企业的土地储备越多，说明企业资产规模越大，以后向市场供应住宅产品的能力越强，土地储备越多，也说明企业整体实力较强，销售收入就高，市场集中度也会提高。同时土地储备受政府规制的影响较大，地方政府通过规制土地的供给和利用来影响开发企业土地储备状况。一般认为土地价格越高，土地的交易越只能在大型的房地产企业中产生，也就越容易形成较高的集中度。土地价格较低时，房地产开发企业获得土地较容易，就会有更多的开发企业进入市场，集中度就会降低。

二、联动因素对房地产业市场结构的影响机理

对房地产业市场结构影响的因素较多，主要有市场货币供应量、利

率、国有成分状况、企业区域布局、企业家个人综合能力等。由于条件的限制，本书选取货币供应量、利率、国有股占比状况几个影响较大的因素进行比较分析，全面的分析可以作为本书的后续研究。

1. 货币供应量

货币供应量决定了市场资金获得的难易程度，不论是银行贷款还是自有资金，都与货币的供应量有关。当货币的供应量增加时，企业获得开发建设资金较易，行业进入门槛会较低，企业数量就会增加，集中度就会下降；相反，行业进入门槛就会提高，企业数量就会下降，集中度就会提高。在房地产业形成寡头垄断的市场结构后，高额的土地成本会进一步提高行业的进入壁垒，货币供应量的增加反而越有利于大型企业进行土地储备和开发建设，从而又会提高市场的集中度。货币供应量既可能提高市场集中度，也可能降低市场集中度。货币供应量采用货币供应的增长率来表示。

2. 利率

贷款利率对企业集中度的影响体现在开发企业的生产成本上，当利率上升，企业的融资成本增加，融资成本的增加会限制企业进行更多的土地开发和住宅建设，从而影响企业的规模和资产结构，提高了企业集中度。相反，当利率下降时，企业的融资成本降低，降低了企业进入的门槛，其他行业的企业就会进入房地产开发行业，降低了企业的集中度。另外，可以使在位企业获得更低的融资成本，企业可以进行更多的土地开发和建设，扩大企业生产规模，从而提高市场的集中度。同本章第二节相同，因为贷款利率对房地产行业集中度的影响主要体现在开发企业的开发财务成本上，所以在这里用中长期贷款即这里采用 5 年期以上的贷款利率表示。

3. 国有成分状况

企业国有成分状况对房地产业的市场结构也会产生影响。我国的住宅制度改革催生了一批房地产企业，这些企业大多依赖原有的国有企业发展壮大。因此，国有股占比较高的年份，依赖的资源较多，土地储备、住宅开发建设的速度应该较快，其集中度相对而言应该较高。相反，国有股占比较低的年份，其集中度应该较低，因此追根溯源对国有股占比的分析可以考察国有成分对企业集中度的影响，国有成分占比较高的年份，其集中度应该较高，反之则较低。这里采用国有股占整个股份的平均值表示。

三、关于房地产业市场结构影响的实证比较分析

对产业市场结构的实证分析数据来源于国家统计局数据库、中国经济信息网数据库、国务院发展研究中心数据库等数据库和巨灵金融终端数据库，并对巨灵金融终端数据库的房地产业上市公司的变量指标进行整理得到分析数据。

1. 集中度计算

根据前面集中度计算的方法，这里采用 2000~2013 年房地产开发经营的上市公司前 8 强的营业收入之和除以整个行业的营业收入作为指标进行分析，根据巨灵金融服务平台数据库资料计算整理，我国前 8 强的公司营业收入及 C_r8 见表 7-3。

表 7-3　2000~2013 年 A 股房地产业上市公司集中度　　单位：亿元

年份	总销售收入	前 8 强销售收入	C_r8（%）
2013	15540.58	7475.02	48.10
2012	13684.44	6200.42	45.31
2011	10805.65	4779.34	44.23
2010	9461.36	4021.08	42.50
2009	7310.44	2457.04	33.61
2008	1901.21	846.04	44.50
2007	1958.43	846.04	43.20
2006	1731.43	753.17	43.50

续表

年份	总销售收入	前 8 强销售收入	C_r8（%）
2005	1142. 87	421. 72	36. 90
2004	1249. 13	286. 05	22. 90
2003	577. 92	197. 65	34. 20
2002	736. 67	251. 94	34. 20
2001	627. 23	226. 43	36. 10
2000	546. 81	193. 08	35. 31

资料来源：根据巨灵金融服务平台和中经数据整理获得。

从营业收入分析，2000~2003 年，开发企业前 8 强的集中度指标处于 35%左右，说明市场的集中度处于低集中竞争状态。在 2004 年集中度指标为 22. 9%，说明市场竞争程度增加，到了 2005 年以后，集中度增加，由 2005 年的 36. 9%增加到 2008 年的 44. 5%，其中 2007 年和 2008 年分别为 43. 2%和 44. 5%，市场处于寡头垄断状态，而 2005 年和 2006 年则属于竞争性市场中的低集中竞争。从总体趋势来看，集中度是上升的。这可能是因为“土地财政”使土地价格上升，由此导致企业的生产成本增加，一些中小企业只能在小范围内进行土地开发，而实力雄厚的企业则可以竞相加价，获得土地以后进行开发建设，从而导致规模越来越大，市场集中度不断提高，最终形成寡头市场结构。2004 年，获地方式由协议出让改为市场竞价后，导致有政府背景的企业在此之前做好了土地储备并进行开发建设取得了一定的经济效益。随着市场竞争状态的加剧，部分依赖于政府背景的企业逐渐失去竞争优势，实力雄厚的企业继续在市场中显示出强劲的开发销售能力，导致市场集中度不断提高。

2. 实证分析

同房地产业产品结构的分析类似，这里也采用岭回归的分析方法，将房地产业的市场结构作为因变量，将利率、国有股占比、货币供应量、无形资产占比、住宅用地价格（指数）、土地购置面积作为自变量，采用岭回归的分析方法分析这些因素对房地产业市场结构的影响。

国有股占比反映的是国有资产股份在整个企业股份中的比例关系，用国有股占比可以反映企业国有资产对企业集中度的影响，而房地产企业的无形资产主要是土地储备，用无形资产反映土地储备具有较强的代表性，其采取无形资产在企业总资产中的比例表示。这两项指标采用巨灵金融数据终端的数据，根据证监会的产业分类，选取 2000~2013 年 A 股市场中房地产业 115 家企业的数据，并整理分析得到所需的有关数据，见表 7-4。

表 7-4　各要素指标的比较数据——产业市场结构

年份	利率（%）	集中度（%）	国有股占比（%）	货币供应量（%）	无形资产占比（%）	住宅用地价格（指数）	土地购置面积（万平方米）
2000	6. 21	35. 6	21. 34	12. 30	3. 4	1. 01	16905. 2
2001	6. 21	35. 4	22. 02	14. 40	5. 9	1. 03	23409. 0
2002	5. 76	35. 9	22. 98	16. 80	5. 0	1. 11	31356. 8
2003	5. 76	34. 2	21. 46	19. 60	4. 1	1. 25	35696. 5
2004	6. 12	22. 9	18. 00	14. 70	4. 9	1. 39	39784. 7
2005	6. 12	36. 9	13. 58	17. 60	3. 5	1. 54	38253. 7
2006	6. 62	39. 0	2. 70	17. 00	3. 9	1. 63	36573. 6
2007	7. 49	43. 2	2. 60	16. 70	2. 8	1. 85	40245. 8
2008	7. 07	44. 5	0. 47	17. 80	1. 7	2. 06	39353. 4
2009	5. 940	40. 9	17. 72	27. 70	2. 5	2. 29	31909. 45
2010	5. 940	47. 6	18. 05	19. 70	3. 8	2. 43	39953. 1
2011	6. 400	57. 0	18. 89	13. 60	4. 8	2. 56	44327. 44
2012	7. 050	56. 9	21. 71	13. 80	4. 5	2. 79	35666. 8
2013	6. 550	56. 8	22. 13	13. 60	5. 1	2. 84	38814. 38

数据来源是国家统计局数据库、中国经济信息网数据库、国务院发展研究中心数据库等，计量模型如下：

$$\ln j = \pi_1 + \pi_2 \ln l + \pi_3 \ln g + \pi_4 \ln h + \pi_5 \ln w + \pi_6 \ln z + \pi_7 \ln t + \varepsilon$$

其中，j 表示集中度，l 表示利率，采用 5 年期以上贷款利率表示；g

表示国有股占总股份的比例，用国有股占整个股份的年均值表示；h 表示货币供应量增长率；w 表示无形资产占总资产的比例，用无形资产占总资产的年均值表示；z 表示住宅用地价格，用住宅地价指数表示；t 表示土地购置面积，以万平方米为单位；ε 表示随机误差项。运用 SAS8.0 进行岭回归，得到岭迹图 7-4 和不同的岭参数下各自变量的标准回归系数。

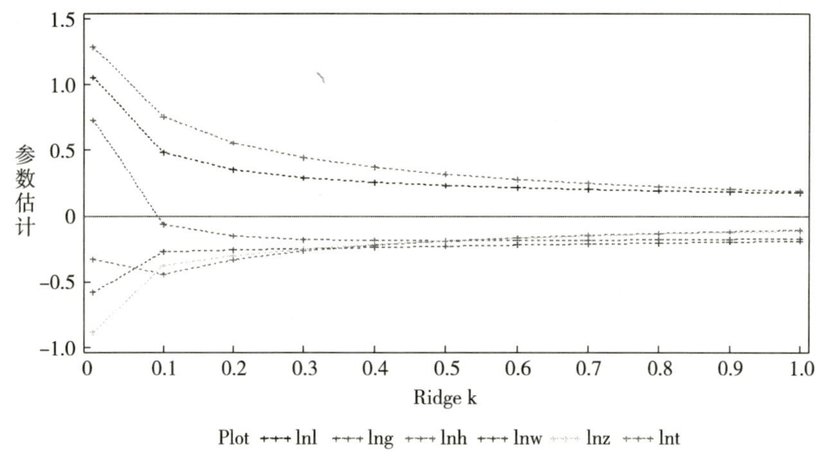

图 7-4 集中度不同岭参数时自变量变化情况的岭迹图

从图 7-4 中可以看出，当岭参数大于 0.3 时，自变量的回归系数趋于平稳（以水平直线为渐进线），故选岭参数为 0.4 时的标准化回归方程，并将系数保留小数点后三位，得到的标准化方程如下：

lnj′ = 1.315E - 15 + 0.256lnl′ - 0.186lng′ + 0.370lnh′ - 0.238lnw′ + 0.216lnz′+0.22lnt′

将标准化方程还原，得到如下方程：

lnj=0.557lnl-0.026lng+0.051lnh+0.124lnw+0.162lnz+0.143lnt+k

从还原方程中可以发现，利率水平对房地产业的企业集中度解释力最强，其次是住宅用地价格和本年新购置的土地状况。说明土地规制对集中度有间接的影响，且影响程度比较大，而平均土地储备也能对集中度进行解释，这些因素与企业集中度呈正的相关性。土地储备越多、土地价格越高、企业本年新购置的土地越多，就越能提高企业的集中度；相反，集中度与平均国有股占的比重呈负相关，当平均国有股占比出现下降时，企业集中度反而是提高的。这可能是国有股的企业都集中在大型房地产企业，而通过分析上市公司房地产企业的成长，发现前十强的房地产企业中，有九家具有国资背景或者控股、参股，这在一定程度上可以解释这一现象。说明尽管市场上的房地产企业较多，但大型的房地产企业被国有（背景）企业垄断。因此，相对于房地产价格、产品结构而言，土地规制对企业集中度的间接解释能力较强，政府要调整房地产企业的市场结构，将土地规制列为手段之一是可行的，也是有效的。

通过比较分析土地规制对房地产价格、产品结构和产业市场结构的影响，认为它们的影响程度不尽相同。土地规制在对房地产价格、产品结构和产业市场的影响中，既存在高于联动因素的影响，也存在低于联动因素的影响，特别是 GDP 增长、利率和收入水平，对房地产业的影响较大。同时，土地规制实施的影响，是通过土地的供给和土地价格间接起作用。因此，对土地规制的实施应该关注两点：一是实施土地规制对房地产业的影响，应该考虑土地规制的传导机制，它是通过土地供给、土地开发利用方式和土地价格起作用。二是土地规制对房地产业的影响有限，实施单一的土地规制不能达到调控房地产价格、产品结构和产业市场结构的效果，还需要与其他的调控因素结合起来考虑，才能起到较好的作用。

第八章 香港地区土地规制的经验借鉴及政策建议

第一节　香港地区土地规制的经验借鉴

香港地区的土地规制与内地的土地规制存在许多相似性，如土地所有权的公有制、土地出让的拍卖、协议制度，允许土地使用权的二次流转等，但在香港地区这个寸土寸金的地方，其土地规制的实施却很见成效。一方面是高房价、低税率，另一方面却是经济持续增长、居民居住条件得到持续改善。这不仅使香港地区保持了其国际大都市和亚太金融中心的地位，还为政府提供了可观的财政收入，居民获得了良好的居住条件和生活环境。因此，总结香港地区的土地规制政策及其实施路径，探究其成功的做法，对内地土地规制的制定和执行有较好的借鉴作用。

一、香港地区土地规制的主要内容

1. 香港地区基本情况

香港地区地处我国南端，与深圳相邻，香港地区总面积 1076 平方公里，其中可供开发的土地仅占总面积的20%①，其余是相当数量的郊野、山林和农地。这些土地既可以作为未来的储备土地，为将来城市的发展留下空间，也可用来改善生态环境，调整山地、林地、农地和建设用地的结构比例②。

由于香港地区人多地少，濒临大海，加上土地绝大部分是山地，使可以有效利用的土地非常少，城市被限制在一定的区域范围之内，香港四面环海的特殊地理位置决定了新增建设用地的成本很高，现有土地供给增长的空间很小，且土地原有的利用方式已经基本形成，利用方式转化的弹性较小，总体而言，受资源禀赋的影响较大。香港增加有效土地利用面积和城市发展有两种方式：一是向空间发展，规划集约利用好现有的土地。二是填海造田，向大海要土地。实际上，自1841年开埠以来，政府多次进行填海工程，时至今日，德辅道以北的中环、湾仔、铜锣湾、尖沙咀东、前启德机场、港澳码头、红磡湾、观塘工业区和西九龙等重要地方的发展，都是填海造地得来的。截至2002年，香港地区的填海土地已超过67平方公里，占香港地区总面积超过6.5%③。香港地区的土地资源禀赋条件远不及内地优越，但其集约利用的程度却远胜于内地大城市，中国宏观经济学会数据显示，香港地区对土地的集约利用程度大约是内地城市的3倍④。

2. 土地的产权关系变迁

香港地区土地的产权关系与香港的历史变迁存在极大的关联。香港自古以来就是中国的领土，1840年英国发动鸦片战争，强迫清政府于1842年签订《南京条约》，割让香港岛。1856年英法联军发动第二次鸦片战争，迫使清政府于1860年签订《北京条约》，割让九龙半岛南端，今界限街以南的地区。中日甲午战争之后，英国又逼迫清政府于1898年签订《展拓香港界址专条》，强租界限街以北、深圳河以南的九龙半岛北部大片土地

① 张宏斌，贾生华．香港特别行政区政府的土地供应机制及其启示［J］．中国房地产，2000（4）：72-76.

②④ 姚先，国盛乐．资源约束、需求约束，孰重孰轻［J］．浙江经济，2006（5）：24-25.

③ http：//baike.baidu.com/view/475081.htm.

以及附近 230 多个大小岛屿（统称“新界”），租期 99 年，至此，香港本岛加上深圳河以南整个九龙半岛及附近约 200 多个岛屿、约 1071 平方公里的地区，全部被英国侵占。香港岛和九龙半岛土地，英国政府采取强制手段将原有的居民土地界定为皇室所有，即所谓的“官地”，土地使用者获得永久的“业权”，有 999 年的期限，后来的《拓展香港界址专条》在新界地区实施的是 99 年期限，并给予当地居民土地“业权”，考虑到 1997 年中国将收回香港的主权，租期又改为 70 年。香港回归后，《中华人民共和国香港特别行政区基本法》第七条规定：“香港特别行政区境内的土地和自然资源属于国家所有，由香港特别行政区政府负责管理、使用、开发、出租或批给个人、法人或团体使用或开发，其收入全归香港特别行政区政府支配。”从产权关系上看，香港地区实行的是所有权与使用权分离的制度，土地依然属于国有土地，这与内地的土地产权属性没有区别，但是其有管理、使用、开发等权利，全部收入归香港特别行政区政府支配和使用，相对于内地的地方政府，其自由度和裁决度明显扩大，这种委托代理关系不同于内地的委托代理关系，内地与中央政府之间是上下级政府的垂直约束和监管，行政命令从上到下应保持畅通和贯彻执行。

3. 土地的利用模式

香港地区的土地由香港特别行政区政府统一进行管理，最高决策机构为土地开发政策委员会，负责制定土地的长期发展战略、规划、计划和具体的供应政策，执行机构由地政署负责。香港地区的规划决策由 4 名官员和 32 名非官方委员组成，全部由行政长官委任，所有非官方委员都是以个人身份接受委任。土地的规划方案首先进行广泛的社会讨论，然后是民主决策，以此保证规划的科学性和社会对规划方案的支持，也减少了土地规划执行过程中的障碍。土地的一级出让方式有公开拍卖、招标和私人协议三种方式，而内地的土地管理涉及多个部门，将土地的产权登记割裂开。出现了房地产管理、土地管理、林业管理，甚至规划、建设等部门，造成多头管理的局面，存在部门利益的博弈和竞争。在土地的供给上，香港特别行政区政府每年都会有一个土地供给计划，包括公开拍卖、私人协议的数量、具体位置等，地政署每年 11 月草拟批地计划书，说明下一年度市场需要多少商业、居住和工业用地。在确定土地需要数量时，一般要针对各类用地的特点进行具体的定量、定性分析。这样就会使土地需求者有一个心理预期。同时在此基础上，政府明确土地的财政收入，将可以提供财政收入的土地和不能提供财政收入的土地进行配比，严格执行公告制度。内地的土地供给则存在更改规划和计划、突击批地、执行政策不严的现象。香港地区土地的计划供给和实际供给的数量对比关系见表 8-1。

表 8-1　香港特别行政区政府历年计划出让和实际出让的土地面积

单位：公顷

时间		1985～1986	1986～1987	1987～1988	1988～1989	1989～1990	1990～1991	1991～1992	1992～1993	1993～1994	1994～1995	1995～1996
私人商业用地	计划	13. 03	19. 7	27. 23	26. 87	28	24	27. 58	27. 96	23. 37	38. 53	46. 11
	实际	16. 39	18. 53	27. 54	24. 17	22. 1	20. 3	26. 67	25. 22	21. 67	32. 2	44. 54
政府资助建设用地	计划	2. 9	20. 26	19. 49	22. 68	19. 2	21. 3	25. 08	21. 8	27. 63	39. 37	40
	实际	2. 76	19. 64	18. 87	19. 81	18. 4	19. 7	15. 52	16. 87	24. 65	35. 81	37. 04
基础设施用地	计划	13. 76	12. 78	15. 02	18. 77	22. 1	17. 9	17. 41	16. 79	14. 7	17. 67	16. 23
	实际	6. 87	13. 99	12. 23	12. 44	10. 6	8. 91	9. 87	14. 65	5. 85	5. 21	9. 39
特殊需要用地	计划	28. 72	4. 84	13. 1	91. 5	8. 92	71. 2	23. 34	97. 75	62. 1	1315	103. 6
	实际	28. 72	6. 39	11. 51	91. 5	8. 92	71. 9	5. 63	33. 72	55. 95	1306	85. 19

资料来源：张宏斌，贾生华. 香港特别行政区政府的土地供应机制及其启示 [J]. 中国房地产，2000（4）：72-76.

从表 8-1 中可以发现，实际供地数量和计划供地数量之间除个别年份外，并不存在很大的差别，基本上是按照土地的计划进行供地。这样一方面使土地需求者有了充分的心理预期，根据情况调整购地策略。另一方面可以使土地市场保持稳定，投资者对香港地区房地产市场的现状做出比较准确的判断，对市场未来的发展做出合理的预期，减少了投资的盲目性，提高了市场运作的效率，也使土地价格不至于出现大起大落，造成土地价格的较大波动，影响土地市场的经营秩序。

对土地的一级开发建设，香港特别行政区政府采取的是边开发、边建设、边出让的政策。在一个新的规划区进行开发建设时，首先开发的是位置较偏、区位较差、没有人气的地段，由政府主导进行公屋[①]建设，待公屋建成并形成一定的居住规模、集聚一定的人气后，再建设一定量的低档房，相当于内地的经济适用房，让有一定购房能力的人购买。最后才是可供开发的住宅商品房，直至高档公寓、办公楼等，土地的利用形成梯度等级，实施渐进式的开发模式。这种方式有助于政府花费较少的费用建设公屋，降低建设成本，待形成规模后，土地的价格也会上升，此时进行土地出让，建设住宅商品房，可以提高土地价格，增加政府的财政收入。所以政府既增加了公屋的供给，又增加了财政收入，收到了较好的土地利用效果。

4. 土地规制的内容

根据李凤章的研究[②]，香港地区的土地条例主要有：关于土地批租的《土地拍卖条例》、关于土地续期的《新界土地契约（续期）条例》、关于未批租土地保护的《土地（杂项）条例》、关于规划的《城市规划条例》、关于填海造地的《前滨海床（填海工程）条例》、关于土地征收的《政府土地权（重收及转归补救）条例》、《土地征用（管有业权）条例》、关于土地交易的《物业转易及财产条例》、关于土地登记的《土地业权条例》，关于土地纠纷处理的《土地审裁处条例》等[③]。这里主要分析征收规制、出让规制和住宅保障规制。

（1）征收规制及其执行情况。香港特别行政区政府对土地的征收是强

① 公屋，即香港公共屋邨，是由香港房屋委员会或香港房屋协会兴建的公共房屋，香港大约有一半的居民均居于公屋。1953 年圣诞夜深水埗发生石硖尾寮屋区大火，当时香港政府为了尽快为灾民提供安身之所，便火速在原址附近兴建徙置大厦（俗称七层大厦）。此后，政府又在港岛及九龙各处兴建黄大仙、老虎岩、长沙湾李郑屋等徙置区以吸引居所简陋、卫生环境较差的木屋居民入住，自此开始香港政府大量建造公营房屋。在 20 世纪 60 年代，香港屋宇建设委员会推出公共屋邨，包括长沙湾苏屋邨、荃湾福来邨及牛池湾彩虹邨。随着时代变迁，公屋类型推陈出新，楼层也越来越高。在 20 世纪 60 年代兴建的公共屋邨大多都只有 16 层，近年来落成的公共屋邨楼宇有 30~40 层。除此之外，香港政府亦推出小家庭单位大厦及长者住宅以应付特别需要。

②③ 李凤章. 香港土地高效利用的法律经验及启示［J］. 国土资源导刊，2007（6）：73-75.

制性的。根据《收回土地条例》（香港地区法例第 124 章）规定，行政长官和行政会议认为征收的土地是为了社会公共利益，就可以对该土地进行征收，任何人不得阻挠。这里分三种情况进行征收：一是为政府工程而征收土地，主要是为了进行公共工程的建设，例如道路、公共房屋、休息场所、排水工程、新街市、学校等，均可能需要征收私人土地。除此之外，政府还可以根据一系列其他条例而征收土地，具体包括《道路（工程、使用及补偿）条例》（香港地区法例第 370 章）、《铁路条例》（香港地区法例第 519 章）、《土地征用（管有业权）条例》（香港地区法例第 130 章）、《土地排水条例》（香港地区法例第 446 章）、《市区重建条例》（香港地区法例第 563 章）以及《地下铁路（收回土地及有关规定）条例》（香港地区法例第 276 章）等。二是为协助私人重新发展而征收土地。为了促进私人重新发展旧物业，香港特别行政区政府于 1998 年制定了《土地（为重新发展而强制售卖）条例》（香港地区法例第 545 章）①。这一条例的制定是香港地区土地发展商长期投诉的结果。就多位业主拥有的物业重新发展而言，发展商认为，妨碍私人重新发展旧物业的一个主要因素是收取旧物业业权方面的困难。发展规划往往会因为少数业权人不愿意出售其物业而难以实施。这一条例的颁布使得旧物业的“多数份数拥有人”可以要求通过公开拍卖的方式强制售卖“少数份数拥有人”的业权。三是对新界的原居民土地的征收。香港地区回归之后《中华人民共和国香港特别行政区基本法》保证新界原居民所享有的土地权益保持不变。

香港地区土地产权属于公有制，但却很好地保护了私人利益，从中可以得出以下启示：一是私有利益神圣不可侵犯，即使为了公共利益的需要，也要对私人财产给予合理的补偿。二是对农用地征收。应严格按照程序进行，手续不齐全不得强制征收。三是对补偿的金额应合理界定，在进行征拆之前，拆迁人和被拆迁人对补偿的金额有一个大致的补偿范围，再由评估机构进行公平、公正、合理的估值，确保双方当事人的合理权益。四是对双方的争议有协调机制，能够找到公正的机关进行裁决。

---

① 林峰．土地征收与补偿：香港地区的经验［J］．法学，2007（8）：12-15.

（2）土地出让及其执行情况。在供地方式上，主要有公开拍卖、招标、协议三种。拍卖主要是针对有经营性质的用地，如商品住宅等。协议用地则是用于公共房屋、政府机关、教育、加油站等公共利益用地。根据2010年5月11日至12月15日的统计，全港共拍卖、招标土地16宗，其中采用招标6宗、拍卖10宗，招标用地主要是带有公共利益性质的加油站和物流用地，而拍卖主要是商品住宅用地。

另外，香港特别行政区政府还采用一种勾地的制度出让土地①，这种制度保证土地能够以合理的价位出售，实质上是一种询价机制，可以保证政府及时了解市场的需求信息，解决市场信息不对称的问题。

土地利用一般采取协议或者招标，并严格按照规划和计划进行，主要是根据用途确定地块的出让方式。这种按照计划和规划供地尊重了社会的诉求，保证土地公开、透明，也接受了社会的监督，防止土地出让过程中的腐败行为发生，保证了土地规制执行的公正性。

（3）住宅保障规制及其执行情况。目前，香港地区的保障性住宅占市场上住宅供应量的50%左右，其宗旨是政府确保所有没有能力负担私人住宅租金的人士，都有机会入住资助的公屋。租金则定在可以负担的水平。2008年1月1日起实施的《2007年房屋（修订）条例》，为租住公屋提供了一个更具弹性的租金调整机制。在新机制下，公屋租金是根据租户家庭收入的变动向上或向下调整。具体政策主要包括政府的资助房屋政策，着重帮助没有能力租住私人住宅的低收入家庭；政府尽量减少干预私人物业市场；政府应确保土地供应充足和提供配套基建设施，香港房屋委员会是

① 每年2~3月，香港特别行政区地政署在收到特区政府发展局规划地政科的土地储备表后，会公布《供申请售卖土地一览表》，俗称“勾地表”。勾地表里列明可供申请售卖土地的地段编号、地点、用途、土地面积及预计最早可供售卖日期等。随后，发展商或者任何公众人士，如对“勾地表”内任何一幅土地有兴趣，即可向地政总署提出申请“勾地”，并报出底价。地政署收到申请后，如果有关提价合乎政府按公开市场价格所做的评估，该幅土地即被“勾出”，并在规定期限内招标拍卖。与中国其他省市地方政府做法不同的是，在香港地区，欲投标土地的开发企业或个人，必须缴纳相当于底价5%款项的支票或本票作为保证金后才可以参加拍卖；更不同的是，在公众拍卖会上，如果公开拍卖时达不到政府的预定心理底价，地政署有权收回已被勾出拍卖的土地。如果拍卖时没人提出等同于或者高于勾地申请人的提价，政府有权没收勾地申请人缴纳的保证金，这确保了勾地申请人将全力以赴参加土地竞投。

具体执行机构，其也协助政府把一般家庭（不包括非长者一人申请者）轮候租住公屋的平均时间，维持在3年左右。包括公营房屋架构、租住公屋的条件、租金政策、租金援助、经济条件较好的差别定价、重建计划、屋邨拆迁计划、房屋编配、出售资助房屋单位、有特别需要人士的住屋安排、房屋供应、配套基础设施等。《2007年房屋（修订）条例》详细规定了租房条件、条件较好家庭住宅租金以及购买住宅限制补贴，极大地调节了不同收入阶层住宅的需求。这些规制政策得到了很好的贯彻执行，以租住公屋为例，现在符合租住公屋条件的申请者只要排上1.9年就可以住上公屋，比计划的3年提前了1年多的时间。

历史上，香港地区曾经为中低收入阶层的住宅实施过多种建房和改造房屋计划，如20世纪70年代的“十年建屋计划”以及后来的“居者有其屋计划”和“长远房屋策略”等。“十年建屋计划”是香港于1972年提出的一项公共房屋计划，是要在1973~1982年的十年期间，为香港居民提供设备齐全、有合理居住环境的公共房屋单位。这项计划改变过去香港特别行政区政府对公共房屋只追求数量的态度，开始注意公共房屋的质量，这个计划完结后，共建成可供150万人居住的单位。香港特别行政区政府于同年推出“长远房屋策略”取代“十年建屋计划”。“居者有其屋计划”于20世纪80年代推行，原意是为一些收入不足以购买私人楼宇，又不合资格（或不愿意）入住公屋的市民提供另一种选择，协助中下收入家庭和公屋租户自购居所。该计划由香港房屋委员会负责推行，政府提供资金（居者有其屋计划基金）兴建楼宇，以低于市值的合理价格售给中下收入家庭和租户。1988年香港特别行政区政府正式提出“长远房屋策略”白皮书，其目的是确保所有家庭在其自身能够负担的楼价或租金范围内，能购买或租用适当的住所。由于申请入住公房购买居屋都需具备严格审查的条件，特别是家庭人口及收入限额条件，所以能够保证中下层居民享受这一福利政策。一旦家庭成员各方面条件发生变化，特别是家庭收入超过限额数目就要被迁出公房，走自置居所、购买居屋或按市值价交租金或自行置业之路。这些计划在解决居民住宅问题上起到了很好的作用，分批分次地解决了大多数人的住房问题。

二、香港地区土地规制实施的效果

香港地区土地规制的实施，较好地监管了政府、开发企业，保障了中低收入人群的居住问题。同时，房地产业的市场集中度进一步提高，实现了经济和社会的协调发展，具体体现如下：

1. 政府财政收入的持续增加和民众对政府信任感增强

批地收入是政府财政收入很重要的组成部分，从香港 1985~1994 年的财政收入来看，与财政收入的占比关系在各个年份不完全相等，低的如 1990~1991 年财政年度的占比为 4.7%，而高的在 1993~1994 年占比则达到了 11.6%。这种较高的土地价格保证了香港特别行政区政府的财政收入，因为香港地区是全球最活跃的金融贸易港，一直维持较低的税率，对土地的自由交易和有计划的批地使土地价格不断高升，而居民的住宅问题则通过高福利给予返还和补偿，即使香港特别行政区形成了高地价，也不会像内地的卖地收入占到财政收入的 30%~40%，个别地方甚至占到 50% 以上。而香港地区的批地支出主要用于公共设施、公屋建设和资助中低收入家庭的购房。同时，香港地区的土地政策和计划的实施广泛听取民众的意见，接受民众的监督，公众的有效参与既保证了批地收入的使用效率，又维护了政府良好的信誉和公信力，使市民对政府的信任感增强，见表 8-2。

表 8-2　香港特别行政区政府土地收入与财政收入关系

单位：万港元

财政年度	政府批地收入	总财政收入	批地收入占财政收入的比重（%）
1984~1985	426700.00	3851100.00	11.1
1985~1986	448100.00	4369530.00	10.3
1986~1987	308650.00	4860270.00	6.4
1987~1988	397470.00	6087690.00	6.5
1988~1989	675760.00	7265850.00	9.3
1989~1990	766980.00	8243020.00	9.3

续表

财政年度	政府批地收入	总财政收入	批地收入占财政收入的比重（%）
1990~1991	424390.00	8952380.00	4.7
1991~1992	948660.00	11469990.00	8.3%
1992~1993	922420.00	13531090.00	6.8
1993~1994	1937590.00	16660220.00	11.6

资料来源：贾生华．香港特别行政区政府的土地供应机制及其启示［J］．中国房地产，2000（4）：72-76.

2. 开发企业收入增加

香港地区大型开发企业的主要收入来自于土地：一是在20世纪七八十年代获得较多的换地权益证书的权利，通过换地权益证书可以抵扣土地出让价款，从而使得土地开发利润率大大高于公开拍卖的地块；二是利用了房地产业发展的周期，在市场低迷的时候获得了大量低成本的土地储备；三是由于土地价格较高，大型开发企业在土地融资中享有优势。虽然香港地区的地价在房价中所占的比重较高，但是香港地区的房地产开发企业依然取得了较高的开发利润，特别是在市场集中度较高的情况下，大型房地产开发商的开发项目基本上达到了50%的开发利润率，显然是与房地产市场结构和特殊的土地出让规制有关。

3. 中低收入家庭住宅得到保障

香港地区建立了多层级的住宅保障体系，针对不同收入家庭实施不同的住宅政策。如高收入家庭在市场上购买住宅商品房，中低收入家庭购买经济适用房或者租住公屋，低收入家庭租住公屋。以香港地区2008年的房屋居住情况为例，2008年12月底，香港地区约有2509900个房屋单位，其中约有733500个租住公屋、395700个资助自置居所、1380800个私营房屋，香港地区约有29%的人口租住公屋，另有18%的人口住资助自置居所。对租住的公屋实施一些政策，如经济条件较差的租户援助租金、经济条件较好的租户提租金、鼓励自购住宅、为有特别需求的人士安排住宅等措施，综合解决不同收入阶层、有特别要求人士的住宅问题。基本原则是把租住公屋的价格水平定在可承受的范围之内，以收入为基数确定租金，并每两年对政策进行调整，定期调整租住公屋单位的建设量。

4. 房地产业集中度逐步提高

20 世纪五六十年代，香港地区房地产行业绝大多数为中小型公司。70 年代，市区旧楼重建已基本完成，小幅地皮大大减少，香港特别行政区政府批租住宅用地呈现大型化发展趋势，竞投需要付巨款，而且新建楼宇无论在高度、造价方面都不断提高，超过了势单力薄的房地产企业的承受能力，小型企业逐渐被淘汰。房地产业趋向集中，逐步形成了一些较大的房地产开发集团。大型房地产公司纷纷将公司股票上市，资本实力大大增强，并通过一系列换股、收购、合并等活动使资本进一步集中，进入 20 世纪 80 年代以来，香港地区房地产业已逐渐成为寡头垄断性的行业，虽然经营房地产业的企业有 4000 家左右，但股票上市的房地产企业只有 100 家左右，约占 2.5%。在 100 家左右的房地产上市企业中，“长江实业”“新鸿基地产”“新世界发展”“ 恒基兆业”等最大的 10 家地产集团的股票市值约占地产建筑类上市公司总市值的七成。目前最大的 10 家地产集团的开发量约占香港地区总开发量的 80%，市场集中度已经处于相当高的水平。

三、香港地区土地规制经验的借鉴

香港地区解决居民的住宅问题，很大程度上得益于土地规制政策。与内地的土地规制相比，从大的方面看存在相一致的地方，如土地所有权的公有制，土地使用权的使用年限限制，但从具体规制政策的制定与实施上看也有不一致的地方，如香港地区具有高度发达的市场经济基础和强有力的监督管理基础，信息的公开化程度与公务员的廉洁水平都远高于内地。多年来，内地的土地规制仍然主要是借鉴香港地区的经验和做法，如土地的批租制度、住宅用地的70年使用权制度、拆迁补偿制度等，那么实施相似的规制政策，为什么内地居民的住房状况与香港地区相比存在较大的差距呢？目前香港地区大约有47%的人居住在公屋或者资助居所里，而内地的廉租房和经济适用房则只针对极少数的低收入家庭，并且在分配这些保障房的过程中存在舞弊行为，如2009年湖北省武汉市某小区三期124套经济适用房公开摇号，竟然出现了摇中的6个号码的购房资格证明编号是相连的号码，且均为2009年在硚口区登记，最后发现存在严重的舞弊行为。还有开宝马购经济适用房的事件也屡见不鲜。因此，有必要分析香港地区的成功经验，更好指导内地土地规制政策的制定和执行。

通过以上分析，认为香港地区的成功经验主要集中在以下四个方面：

一是实施“二元”的土地供应机制。香港地区将土地供给分为两种模式，对保障住宅性质的公屋和资助置居所，则每年安排一定比例的土地，并实施长期的发展计划，如“居者有其屋计划”“公共房发展规划”等，其土地供给都是采取无偿划拨方式。而对住宅商品房土地，则采取市场拍卖的方式进行交易，政府不对该类型的土地交易进行干预；相反，地价越高，政府获得的财政收入就越高，对中低收入家庭的补贴就越有财政保证。目前，香港地区的公屋以每年新增5万个住宅单位的速度扩张，公共房的价格通常比私人住宅的价格低20%~40%，对于满足低收入条件的家庭，租金占其收入的8%~15%①。

对住宅商品房的用地采用市场竞价方式，这种方式在推高土地价格的同时，房地产业的集中度也得到了提高。大型房地产企业通过资本市场获得大量的资金用于土地开发和建设，用开发建设房地产获得丰厚利润继续购买土地，进一步推高房地产价格，而高价格反过来又会给房地产企业带来较高的利润，这样不断推进房地产业的发展，整个产业显示出房地产业强者恒强的特征，市场就形成了寡头垄断的市场结构，这样的市场特征有助于大型房地产开发企业形成市场势力，能够对房地产的价格进行控制，以获得更高的利润，但这仅是对住宅商品房，而对政府资助的住宅影响

① 吴立范，罗党论．中国的住宅政策［M］．北京：经济科学出版社，2009：214.

不大。

二是实施严格的土地规制政策。对政府制定的土地规制政策严格执行，成立了住宅问题检讨委员会，在每年末总结规制的执行情况，向行政长官检讨一年的计划落实情况，如对拆迁的房地产进行市场价格补偿，并制定相应的救助机制，让被拆迁人在利益受到侵害时可以上诉，直到最高裁决机关进行判决。在终裁后一般被拆迁人都能接受，因为政府对规制的实施能够保护被拆迁人的利益，处理纠纷问题能够做到公正、公平和合理，不会像内地的个别地方政府本身就带头违法，不遵守规制的约束，一味采取"武力强力拆迁"和"暴力拆迁"。因此，香港地区政府与市民在利益关系上是平等的市场主体，任何时候都是进行利益的对等交换。

三是土地规制执行公开、透明。土地的规划和每年的供地计划都接受社会的监督，在地政署的决策机构组成的36名人员当中，政府官员只有4名，其余的32名全部为社会人士，对土地的规划和计划有充分的参与权和决策权，其不合理的、不符合香港地区市民利益的土地规制不会得到制定和执行。同时，除了公屋的用地外，住宅商品房用地都采取公开竞价的方式，及时公布结果，接受社会的监督。如果其中有不正当的行为，则会遭到社会的曝光和监督，像内地的"串标""围标"甚至与某些政府官员合谋，直接"协议"拿地等暗箱操作事件很难发生。

四是有完善的配套措施保证土地规制的执行。香港特别行政区政府实行的是高地价、高福利政策，住宅商品房实施高地价，让有钱人去购买高价房，而中低收入的家庭则可以租住公屋或者政府资助置居所。这样可以用高价房获得的收入来补贴低收入者的住房，形成良性循环，当然，这与香港地区的经济发展水平、社会诚信体系、政府的公信力、社会监督、公众的参与程度密切相关，是一个综合作用的结果。

第二节 实施土地规制的政策建议

住宅供给的寡头垄断使开发企业具有定价能力，并将高额的购地成本分摊至住宅价格转嫁给购房者，形成了土地价格和住宅价格循环上涨的趋势。因此，有必要实施土地供给的双准入制和土地供给的“二元”制，才能化解当前房地产业中的问题。

土地供给双准入制是指允许集体土地入市，取消地方政府垄断供地，可以有效地降低土地价格，进而降低住宅价格，小产权房就是最好的例证。土地供给的“二元”制是指取消目前保障房与商品房土地混合供给的模式，单独成立独立的保障性住房部门，负责保障房的土地供给和开发建设，而不是像现在这样由开发企业在商品房的建设中，兼顾保障房开发建设，这样的制度安排加上厂商逐利的本性和地方政府“社会人”和“经济人”的特点决定了保障房建设目标很难实现，多年的实践证明，我国的保障房供给机制存在严重的缺陷，土地供给“二元”制可以有效保证保障房的供给。同时，商品房从土地出让到开发销售，由开发企业按照市场交易规则进行。这样既可以增加财政收入和房地产开发企业的利润，提高房地产业的集中度，也可以保证市场住宅类型选择的多样性，形成多层级的住宅供给体制。

房地产业高的市场集中度和寡头垄断的市场结构并非不可取，关键是需要建立土地的“二元”供给机制。实际上，房地产业的寡头垄断更能体现土地的应用价值，实现土地所有制收益最大化，如果建立了完善的土地“二元”供给机制，寡头垄断可以更好地发挥市场机制作用，提高土地资源的配置效率。具体建议有以下几点：

一、实施无差别的土地收益规制、保障集体土地收益权利

土地资源在目前存在两种明显不平等的规制政策，全民所有制的土地

可以直接出让进行房地产开发，而集体土地必须先转为全民所有制土地以后才能开发建设，实际上是剥夺了集体土地财产收益的权利。既然集体土地的所有权归集体经济组织，就应该允许集体经济组织有依靠土地资源获得收益的权利。当前，在城市中心和城市与农村相结合的地区，存在大量的小产权房，就是突破这种不同性质土地获得差别收益的边界，释放无差别性质土地收益权利平等的信号。

在实施无差别的土地收益权利时，应该明确基本农田、基本农地以外的耕地和适合农作物耕作的土地明确不能用于房地产开发建设。确需开发建设的，报有批准权的机关批准，并实施耕地补偿平衡政策，只有满足了国家保证粮食供给等相关条件后，才能进行开发建设。如果将小产权房纳入到住宅供应体系中，住宅供给就会得到快速增加，房地产价格也不会迟迟降不下来，那些将房地产视为投机或者投资对象的购房者也会慎重考虑购房后的成本与收益关系，一旦房地产价格出现下降，土地的权力寻租、土地腐败等问题就会有所缓解，政府也会转移依靠土地生财的思维，转而发展实体经济。

二、建立土地供给“二元”体系、保证合理的用地结构

我国目前的土地供应有划拨方式和出让方式。对保障房实施划拨方式，而商品房则是出让方式。保障房的土地供给比例过低，而中低收入家庭的住宅需求过大，这两者之间的矛盾短时间内很难得到化解，也不能从根本上解决城镇居民的住房问题。目前的土地供给虽然划分了住宅商品房和保障房的用地机制，但存在概念模糊，边界不清，定位存在一定的偏差，试图在住宅商品房市场中推行经济适用房、廉租房的住宅保障体系，运用行政手段强制市场机制完成本应该由政府完成的资源配置问题，其结果必然会造成房地产市场的扭曲，借鉴香港地区的成功做法，规制政策的设计应为：实施严格意义上的土地区分供给规制，即住宅商品房的土地供应由市场供求关系决定，而保障房土地实施政府划拨供应，加大保障房的建设力度，缓解中低收入家庭的住房困难。

商品房实施严格意义上的市场化运作模式，即土地招拍挂制度，工程建设招投标、建设阶段实施工程监理，出售阶段实行市场自主定价。政府没有必要对房地产市场进行干预，开发企业、购房者按照市场价格自由交易。特别是土地的交易，地方政府根据规划和年度计划要求，在上年的12月就定出全年的土地供给量，增加市场的预期，并严格按照计划推出合适的土地，逐步淡化政府在土地出让中的主导地位，改由市场来主导土地的交易和价格。土地供给的重心将由政府完全垄断转变为市场寡头之间的竞争，即使开发企业与政府达成合谋，形成了高房价，则高房价一般也由富裕阶层购买，不会影响中低收入阶层的住宅问题，而不是像2011年初上海市、北京市、武汉市等地实施的市区每一家庭只能限购一套住宅的规定，采取行政强制手段对房地产进行干预。

目前保障房与住宅商品房属于同一管理机构，具体操作是在住宅商品房中划出若干比例土地进行建设，如“90/70”政策、“双竞双限”政策等。但规制的结果并没有达到预期的目标，开发企业“上有政策下有对策”的策略往往造成保障房的土地被挤占。如有的开发企业建设了规制限制为90平方米的住宅，但在设计和出售时，是按照两套住宅合成一套住宅的标准进行设计和出售，从而规避政策的约束。因此，针对绝大多数中低收入家庭的住宅问题，应该成立独立于住宅商品房供应体系的部门，直接负责保障性住宅的开发和建设，从资金、土地以及开发建设指导直至最后的入住都实施严格的规制政策，确保保障房的建设按照计划有步骤地推进。对保障房可以按照现在的基本模式，划分经济适用房和廉租房，经济适用房和廉租房的供给量应该占到土地供给的50%以上，而不是像现在这样，将经济适用房和廉租房作为住宅商品房开发的附属产品。因此，应该恢复国务院1998年36号文规定的将经济适用房作为住宅供应的主体，使大多数人能够负担起购房的成本，并在此基础上，认真执行2005年建设部、国土资源部《关于做好稳定住宅价格工作的意见》要求的“着重增加中低价位普通住宅商品房和经济适用住宅建设用地供给量”、2007年国务院《关于解决城市低收入家庭住宅困难的若干意见》规定的“落实解决城市低收入家庭住宅困难的经济政策和建房用地”条款和2008年国务院办公厅《关于促进房地产市场健康发展的若干意见》提出的“地方各级人民政府要确保保障性住宅建设用地供应”的要求。

实际上，我国的土地属于公有制土地，对保障房实施保障具有巨大的天然优势，不像西方国家那样存在私人土地，在土地的征收过程中会遇到很大的阻力，土地所有制这一规章制度明显有利于保障房的开发和建设。

三、加强土地供给的监督与管理、规范房地产开发企业行为

土地供给的监督与管理，其对象是政府官员与开发企业，对政府官员的监督应该重点放在行政权力的运用上。由于地方政府官员的“经济人”特点，使其在土地出让过程中很容易进行权力寻租，必须严格土地规划、计划的公开、透明，对土地的招拍挂实施全程公开，扩大公众参与的程度，接受公众的监督。同时，加大土地督察的力度，对在土地交易中的权钱交易、行贿受贿、权力寻租行为进行严厉的惩罚。现阶段，土地违法成本较低一直是违法行为屡禁不止的一个重要原因，形成了规制的监督成本较高，而规制收益不高的现象①，这里规制的成本主要包括规制的制定成本、执行成本以及监督检查和查处的成本，而收益则是地方政府的财政收入、公众购房的花费，社会福利的提高等。

开发企业是典型的“经济人”，会以利润最大化为追求目标。马克思在《资本论》中曾描述过：一有适当的利润，资本就会非常胆壮起来。只要有10%的利润，它就会到处被人使用；有20%就会活泼起来；有50%就会引起积极的冒险；有100%就会使人不顾一切法律；有300%就会使人不怕犯罪，甚至不怕绞首的危险②。在当前房地产价格居高不下、利润丰厚的情况下，资本逐利的本性使房地产开发过程中存在各种各样的腐败行为，违法违规事件屡见不鲜，暴力拆迁、强制征收、土地闲置、捂盘惜盘、虚构合同、制造哄抢假象、雇人排队等都可以发现开发企业的身影，

---

① 从不同的角度来看，规制收益会得出不同的结论，如地方政府的财政收入提高，则使规制收益增加，而对公众而言，高房价意味着规制收益的减少，社会福利损失。

② 马克思．资本论（第一卷）[M]．北京人民出版社，1958：839.

特别是在改变土地用途和容积率等方面，都积极主动与政府的规划、计划、土地部门进行合谋，损害购房者利益。对政府与开发企业合谋进行的违法违规行为进行强有力的监管，明确界限，实施严罚，杜绝钱权交易发生是当前的规制需要解决的问题之一。

四、明确地方政府土地收益的边界、完善土地补偿机制

地方政府收入的50%左右来源于土地，说明地方政府已经深深陷入了“房地产经济”的怪圈。地方政府依靠土地增加财政收入，并尽可能从土地中获得更多的收入，无形中增加了房地产开发企业的成本。开发企业在增加成本的前提下不断提高房地产价格，而房地产价格的上涨又会反过来推动土地价格的上涨，并激励地方政府更愿意去提高土地价格，以获得更多的收益，这样形成了土地价格上涨—房地产价格上涨—土地价格上涨轮番上涨的现象。要打破这种局面，必须把地方政府从房地产经济的怪圈中解脱出来，实现上述目标，必须缩减财政开支或者增加另外的财政来源，而缩减财政开支毕竟有限。因此，地方政府应该增加其他的收入来源，发展实体经济是合理的发展轨道，把经济发展从卖地行为转移到发展实体经济上来。

同时，制定土地收益的合理收入比例和支出结构，按照香港地区的经验和做法，开始年份相对较高，可以达到40%，但需制定年度实施计划，逐步减低到10%以下。在支出结构中，经济适用房和廉租房的支出比例在现有的基础上继续增加。如果一个国家中低收入家庭的住宅问题由政府协助解决，那么社会福利和生活水平将会得到很大提高，这也是政府规制的应有目标。

对土地的拆迁和补偿，首先，应该明确公共利益。对公共利益的界定将直接影响到土地的拆迁，我国法律规定政府为了公共利益的需要可以进行土地拆迁，但对什么是公共利益则缺乏明确的界定。这样给政府官员和开发企业留下了操作的空间，打着为了公共利益的需要进行拆迁，而后又转变土地用途进行房地产开发的现象时有发生。有的开发企业将土地征收

拆迁后迟迟不动工，坐等土地升值获得溢价收益，导致土地闲置和荒芜。其次，应确定补偿的原则和标准，补偿的原则应该是同等地段无差别定价，补偿的标准是根据市场价格来确定补偿金额，这样保证国有土地和集体土地具有同等的收益权利，消除现在歧视性定价行为，依据市场定价，可以保证原有土地使用者的利益，如果对农用地的征收依据土地农作物的生产力来定价，没有体现土地真正的价值，如果农用地被用来开发商品房，其收益会明显高于土地农作物产生的收益，这样就会侵害了农民或者集体经济组织的利益。最后，对土地收入的支出有明确的规定，并纳入到财政预算中，审计监督土地收益的各项开支。

五、单一的土地规制作用有限，还需要与其他政策共同作用

对房地产价格、产品结构和产业市场结构的影响，单一的土地规制很难达到预期的效果，必须与其他的因素结合起来考虑。从文中的实证分析可以发现，无论是土地出让规制，还是土地规制与联动因素的比较，对房地产价格、产品结构和产业市场结构的影响作用有限，土地规制在所有影响房地产业的因素中并不是最具有解释能力的。而利率、GDP 增长、家庭收入因素具有更强的解释能力。因此，土地规制的作用有限，必须与联动因素配合，特别是利率、收入水平、GDP 等因素，只有多种因素共同作用，才有可能达到预期的效果，这也是中央政府对房地产业进行宏观调控时，经常采取金融政策、货币政策和财政政策的原因之一。

第九章 主要结论及展望

一、主要结论

土地规制是政府管理和利用土地永恒的命题。中国历次的变革无不与土地有关，而土地的规制政策也已成为各届政府实现其施政目标的重要手段。现阶段，我国的房地产业中存在一系列的问题，这些问题的解决与土地规制息息相关，本书是基于房地产业中价格过高、产品供给结构矛盾突出等社会关注的焦点问题为研究导向，首先分析了我国土地规制的理论基础，并介绍了在现有体制下房地产市场中不同主体的博弈关系和行为逻辑。这里从两个方面进行论述：一是以土地出让规制为对象进行研究，分析土地的影响机理并实证分析影响的效果；二是从土地规制与联动因素进行比较的角度，探讨土地规制对房地产价格、产品结构、产业市场结构的影响机理，并采用实证分析方法进行检验，认为土地规制的实施对房地产价格、产品结构和产业市场结构具有一定的作用，但单一的土地规制对调整房地产价格、住宅产品结构和市场竞争状况的作用有限。其次介绍了香港地区的成功经验，提出了内地实现普通居民住宅问题的对策建议。通观全书，得出的主要结论如下：

1. 土地规制具有层级性

我国的土地规制主要是指经济规制，涉及不同的层次规制，即基本制度层级规制、法律层级规制和具体规制层级规制。基本制度规制是指土地的社会主义公有制，由此可以延伸出土地的公有制产权关系，即全民所有制和集体所有制，这种关系在政权建立初期就以基本的社会制度确立下来，在以后的变革中不会轻易改变。法律层级的规制是在基本制度上确立的规制，会根据社会经济发展做出适当的改变，当社会经济发展到一定程度，需要修订法律时，就会对这些规制进行修改、调整，以符合社会经济的长远发展。具体规制则会根据某一现象、事件或者市场状况做出修改，以纠正市场失灵，提高社会经济效率和福利水平。

2. 地方政府的双重属性决定了土地规制的实施效果

在现有的制度安排下，地方政府既是规制的制定者和执行者，要维护社会的利益，又是市场博弈的主体，具有自身的经济利益。“社会人”和“经济人”的双重属性使地方政府往往会与房地产开发企业结成利益同盟，共同推高土地价格和房地产价格，侵占购房者的利益。同时，卖地财政行为强化了地方政府“经济人”的角色，政府的土地规制更容易以地方政府获利的方式出现。

3. 在现有的土地供给体制和商品房供给体制中，房地产业的寡头垄断市场结构强化了其定价能力

通过研究发现，我国的房地产业在近几年逐步形成了寡头垄断的市场结构，这一市场特征使房地产企业对住宅产品的定价能力增强，导致房地产产品价格不断上涨。同时，在房地产业中，出现了企业并购重组、产融结合、企业联合等现象，这些企业行为巩固了寡头垄断企业的市场地位，促进了房地产价格进一步上涨，普通居民购买住宅商品房的难度进一步增大。

4. 现有土地供给方式，形成了“垄断—寡头垄断”结构的土地供求关系

土地的出让由地方政府完全垄断，拥有完全的定价权，地方政府的土地财政强化了土地垄断定价行为，而在土地市场上，土地需求的竞价方式

使开发企业之间展开了激烈的竞争。土地价格的上涨提高了房地产业的进入壁垒，形成了土地需求的寡头市场结构，土地需求的寡头结构也就导致了商品房市场的寡头供给结构，形成了土地供给的垄断和土地需求的寡头垄断，房地产价格在垄断和寡头垄断的市场中不断地被推高，地方政府和开发企业获得了高额的利润，而购房者处于利益受损地位。

5. 土地规制的实施具有调整房地产价格、产品结构和产业市场结构的作用

就房地产业调控而言，无论从土地出让规制对房地产价格、产品结构和产业市场结构的影响，还是从比较的角度研究土地规制对房地产价格、产品结构和产业市场结构的影响，土地规制起到了一定的作用，但与联动因素相比，作用并不是很大。说明在进行房地产业调控实施土地规制时，对上述三个方面的调控还需要考虑联动因素的作用，与联动因素综合实施，将会取得更好的效果。

6. 土地规制与房地产业之间的关系是双向的关系

土地与房地产密不可分。从实体来看，房地产由土地和房屋组成；从产权关系来看，土地产权关系决定了房地产的产权关系，土地所有权是土地使用权以及房地产所有权等其他权能的基础。土地规制的传导路径是政府行政命令的方式。土地规制对房地产业的作用通过两种途径得以体现：一是直接限制房地产价格、土地用途和产业市场结构；二是通过土地市场、商品房市场作用于房地产业，后一种方式是目前的主要方式。同时，处于成长期的房地产业对土地规制实施了建设小产权房、储备开发用地、开发工业用地的现实应对策略。

7. 香港地区土地规制可以成为内地实施土地规制的范例

香港地区的土地也是公有制的土地，出让的也是使用权，不同的是土地供给采取的是完全“二元”模式，即采取市场性质的土地供给和公共住宅性质的土地供给。土地的供给严格按照计划进行，在每年的年末公布第

二年的土地出让总量，市场供给的土地由市场供求关系决定价格，政府并不干预。而公共性质的土地则在政府的控制范围之内，由政府划定范围并委托有相应资质的建设单位建设，建成后的房屋由政府根据家庭收入情况进行配置。公共性质土地的比例占到了整个建设用地的较高比例，使住户可以在不久的将来获得住宅。目前香港住宅轮候时间为1.9年，比政府规定的3年提前了1年多，较好地解决了普通居民的住房问题。因此，内地普通居民住房问题的解决有赖于政府，地方政府只有增加实体经济收入，减少对房地产业的依赖性，增加保障房的土地供应，严格按照计划进行建设，严格各项规制的落实，确保土地及时、足额开发和建设，才能有效增加住宅的供给，解决普通居民的住房困难问题。

8. 实施土地供给双准入制和土地“二元”供给机制是破解房地产业困局的出路

实施土地双准入制可以增加房地产企业获取土地渠道，防止地方政府垄断土地供给，控制土地供给量。土地“二元”供给可以将保障房供给和商品房供给分开，形成完全不同于现有的混合住宅供给模式。保障房可以确保普通居民的基本住房需求，土地采取划拨的方式供给，并由地方政府依据家庭收入状况进行配置，而住宅商品房的土地供给、开发建设和销售完全市场化，由市场供求机制决定价格，满足投资和投机需求，这样既可以增加政府的财政收入，集约节约用地，提高土地资源利用效率，也可以提高房地产企业的产品产量，住宅二元供给可以将保障房供给和住宅商品房供给分开，使市场竞争程度更高，市场结构更合理。

二、展望

我国房地产业经过十多年的发展，取得了巨大的成就，城镇人均居住面积已经达到了30平方米，普通民众的住宅得到了很大程度的改善，同时不断攀升的地价和房价引起了全社会的关注，中央政府已经明确不再将房地产业作为支柱产业，对旨在保民生、促发展的土地规制目标做进一步的明确，这使房地产业的定位已经由最初的基础产业、支柱产业转变为保民生的产业，进一步加大了房地产的消费功能，削弱了其投资和投机功能。同时，随着土地规制的不断完善和反腐败力度的加大，房地产业中政企合谋、官商勾结的行为必然受到进一步限制，市场和政府将会各司其职，共同维护房地产业健康发展。

当前，我国的土地“二元”供给体系处于探索阶段。土地的双准入制供给体系还没有实施的迹象。土地收益的固定比例用于保障房建设已经成为一项规制措施在逐步落实。未来将逐步加大保障房土地供给的比例。新拆迁条例的出台明确规定不得强制拆迁，拆迁时，补偿款必须首先到位等措施，将进一步规范征收拆迁过程，严厉打击征收拆迁过程中的违法犯罪行为，最大限度地保民生、保增长。2010 年 4 月 17 日，国务院发布关于坚决遏制部分城市房价过快上涨的通知（新“国十条”）出台，要求对住宅商品房价格过高、上涨过快、供应紧张的地区，暂停发放购买第三套及以上住房贷款；对不能提供 1 年以上当地纳税证明或社会保险缴纳证明的非本地居民暂停发放购买住房贷款等调控措施，这些将对房地产价格、住宅产品结构起到制约和规制作用，暂时缓解房地产业发展中的问题。因此，未来普通居民住宅问题的解决，有赖于政府土地规制的制定和完善，有赖于严格的征收拆迁程序，有赖于土地的供给计划和具体落实，更有赖于规制的健全和对违法犯罪行为的严厉制裁，只有这样，才能从根本上解决普通居民的住宅问题。相信在不久的将来，随着规制的完善，普通居民的住房问题能够得到合理解决，房地产业也能够取得更好的发展。

附 录

附表 1 房地产季度价格指数表

季度	住宅商品房销售价格指数（上季度为 100）	经济适用房销售价格指数（上季度为 100）	普通住宅销售价格指数（上季度为 100）	高档住宅销售价格指数（上季度为 100）
2001 年第一季度	100. 8	102. 0	100. 9	99. 6
2001 年第二季度	102. 4	102. 2	102. 5	101. 2
2001 年第三季度	102. 6	101. 9	102. 7	102. 7
2001 年第四季度	101. 9	102. 4	102. 0	100. 4
2002 年第一季度	105. 7	102. 2	106. 0	100. 8
2002 年第二季度	102. 9	101. 2	103. 2	101. 7
2002 年第三季度	103. 7	101. 5	104. 2	102. 7
2002 年第四季度	103. 6	102. 4	103. 9	101. 6
2003 年第一季度	105. 2	103. 8	105. 8	102. 3
2003 年第二季度	104. 8	103. 0	105. 2	103. 3
2003 年第三季度	105. 9	101. 2	106. 6	102. 9
2003 年第四季度	107. 0	102. 5	107. 3	107. 6
2004 年第一季度	107. 6	105. 2	107. 7	107. 9
2004 年第二季度	110. 1	102. 8	110. 6	111. 1
2004 年第三季度	108. 6	102. 0	109. 2	108. 4

续表

季度	住宅商品房销售价格指数（上季度为100）	经济适用房销售价格指数（上季度为100）	普通住宅销售价格指数（上季度为100）	高档住宅销售价格指数（上季度为100）
2004年第四季度	111.1	102.6	111.6	112.5
2005年第一季度	110.5	103.4	109.7	112.9
2005年第二季度	108.9	104.8	109.1	109.0
2005年第三季度	106.8	102.6	107.3	106.8
2005年第四季度	107.5	103.9	106.8	109.3
2006年第一季度	106.3	104.4	105.6	107.9
2006年第二季度	106.4	105.4	105.3	108.2
2006年第三季度	106.7	103.6	106.1	108.1
2006年第四季度	106.2	101.5	106.5	106.6
2007年第一季度	106.0	102.0	106.0	107.0
2007年第二季度	106.45	101.5	106.9	106.8
2007年第三季度	109.03	103.4	109.3	110.3
2007年第四季度	114.2	103.4	111.9	112.5
2008年第一季度	111.8	104.9	112.8	112.1
2008年第二季度	110.1	103.8	110.6	112.0
2008年第三季度	106.0	102.0	106.4	107.6
2008年第四季度	100.4	100.7	100.3	100.4
2009年第一季度	99.3	99.8	98.7	97.9
2009年第二季度	101.1	100.1	101.3	100.7
2009年第三季度	102.5	100.3	103.2	102.9
2009年第四季度	102.7	100.2	104.3	102.7
2010年第一季度	103.7	100.4	104.6	108.2
2010年第二季度	102.5	100.3	103.0	104.0
2010年第三季度	100.1	100.2	100.3	100.1
2010年第四季度	100.8	100.2	101.0	101.2
2011年第一季度	101.1	100.2	101.3	100.7

续表

季度	住宅商品房销售价格指数（上季度为 100）	经济适用房销售价格指数（上季度为 100）	普通住宅销售价格指数（上季度为 100）	高档住宅销售价格指数（上季度为 100）
2011 年第二季度	100. 7	100. 1	100. 7	100. 3
2011 年第三季度	100. 9	100. 3	101. 3	101. 7
2011 年第四季度	102. 1	100. 2	103. 1	101. 4
2012 年第一季度	101. 2	100. 0	100. 9	100. 9
2012 年第二季度	100. 3	100. 1	101. 2	101. 6
2012 年第三季度	100. 7	100. 1	100. 7	103. 3
2012 年第四季度	102. 3	100. 3	102. 4	102. 4
2013 年第一季度	100. 5	100. 2	103. 6	100. 6
2013 年第二季度	100. 3	100. 3	100. 5	101. 2
2013 年第三季度	101. 2	100. 2	101. 7	100. 9
2013 年第四季度	100. 4	100. 1	102. 9	101. 2

附表 2　调整后的房地产季度价格指数表

季度	住宅商品房销售价格指数（2000 年第四季度为 100）	经济适用房销售价格指数（2000 年第四季度为 100）	普通住宅销售价格指数（2000 年第四季度为 100）	高档住宅销售价格指数（2000 年第四季度为 100）
2001 年第一季度	1. 008000000	1. 020000000	1. 009000000	0. 996000000
2001 年第二季度	1. 032192000	1. 042440000	1. 034225000	1. 007952000
2001 年第三季度	1. 059028992	1. 062246360	1. 062149075	1. 035166704
2001 年第四季度	1. 079150543	1. 087740273	1. 083392057	1. 039307371
2002 年第一季度	1. 140662124	1. 111670559	1. 148395580	1. 047621830
2002 年第二季度	1. 173741325	1. 125010605	1. 185144238	1. 065431401
2002 年第三季度	1. 217169754	1. 141885764	1. 234920296	1. 094198049
2002 年第四季度	1. 260987866	1. 169291023	1. 283082188	1. 111705217
2003 年第一季度	1. 326559235	1. 213724082	1. 357500955	1. 137274437

续表

季度	住宅商品房销售价格指数（2000 年第四季度为 100）	经济适用房销售价格指数（2000 年第四季度为 100）	普通住宅销售价格指数（2000 年第四季度为 100）	高档住宅销售价格指数（2000 年第四季度为 100）
2003 年第二季度	1. 390234078	1. 250135804	1. 428091005	1. 174804494
2003 年第三季度	1. 472257888	1. 265137434	1. 522345011	1. 208873824
2003 年第四季度	1. 575315941	1. 296765870	1. 633476197	1. 300748235
2004 年第一季度	1. 695039952	1. 364197695	1. 759253864	1. 403507345
2004 年第二季度	1. 866238987	1. 402395230	1. 945734773	1. 559296661
2004 年第三季度	2. 02673554	1. 430443135	2. 124742373	1. 690277580
2004 年第四季度	2. 251703185	1. 467634656	2. 371212488	1. 901562278
2005 年第一季度	2. 488132020	1. 517534235	2. 601220099	2. 146863812
2005 年第二季度	2. 709575769	1. 590375878	2. 837931128	2. 340081555
2005 年第三季度	2. 893826922	1. 631725651	3. 045100100	2. 499207100
2005 年第四季度	3. 110863941	1. 695362951	3. 252166907	2. 731633361
2006 年第一季度	3. 306848369	1. 769958921	3. 434288254	2. 947432396
2006 年第二季度	3. 518486665	1. 865536703	3. 616305532	3. 189121853
2006 年第三季度	3. 754225271	1. 932696024	3. 836900169	3. 447440723
2006 年第四季度	3. 986987238	1. 961686464	4. 086298680	3. 674971811
2007 年第一季度	4. 226206472	2. 000920194	4. 331476601	3. 932219837
2007 年第二季度	4. 498796790	2. 030933997	4. 630348486	4. 199610786
2007 年第三季度	4. 905038140	2. 099985752	5. 060970895	4. 632170697
2007 年第四季度	5. 601553556	2. 171385268	5. 663226432	5. 211192034
2008 年第一季度	6. 262536875	2. 277783146	6. 388119415	5. 841746271
2008 年第二季度	6. 895053100	2. 364338906	7. 065260073	6. 542755823
2008 年第三季度	7. 308756286	2. 411625684	7. 517436718	7. 040005266
2008 年第四季度	7. 337991311	2. 428507064	7. 539989028	7. 068165287
2009 年第一季度	7. 327473723	2. 425026270	7. 398738145	6. 796010537
2009 年第二季度	7. 337732792	2. 428421507	7. 492149846	6. 844147636

续表

季度	住宅商品房销售价格指数（2000 年第四季度为 100）	经济适用房销售价格指数（2000 年第四季度为 100）	普通住宅销售价格指数（2000 年第四季度为 100）	高档住宅销售价格指数（2000 年第四季度为 100）
2009 年第三季度	7. 363185013	2. 436844916	7. 734061053	7. 041304544
2009 年第四季度	7. 380864928	2. 442696081	8. 069638109	7. 230839563
2010 年第一季度	7. 409434278	2. 452151103	8. 444377979	7. 821055041
2010 年第二季度	7. 431416839	2. 459426228	8. 695592289	8. 134875240
2010 年第三季度	7. 442569811	2. 463117302	8. 722523144	8. 141336387
2010 年第四季度	7. 453971255	2. 466890608	8. 812376039	8. 239347437
2011 年第一季度	7. 538449596	2. 471824389	8. 926936928	8. 297022869
2011 年第二季度	7. 589543532	2. 474296214	8. 989425486	8. 321913938
2011 年第三季度	7. 658271065	2. 481719102	9. 106288017	8. 463386475
2011 年第四季度	7. 819094758	2. 48668254	9. 388582946	8. 581873885
2012 年第一季度	7. 91324969	2. 48668254	9. 473080192	8. 65911075
2012 年第二季度	7. 936989439	2. 489169223	9. 586757155	8. 797656522
2012 年第三季度	7. 992548365	2. 491658392	9. 653864455	9. 087979187
2012 年第四季度	8. 176376978	2. 499133367	9. 885557202	9. 306090688
2013 年第一季度	8. 217258863	2. 504131634	10. 24143726	9. 361927232
2013 年第二季度	8. 241910639	2. 511644029	10. 29264445	9. 474270359
2013 年第三季度	8. 340813567	2. 516667317	10. 4676194	9. 559538792
2013 年第四季度	8. 374176821	2. 519183984	10. 77118037	9. 674253258

附表 3　2002 年 5 月至 2013 年 4 月我国土地规制文件及类别表

时间	单位	文件名称	类别
2002 年 5 月 1 日	国土资源部	《招标拍卖挂牌出让国有土地使用权规定》	土地管理体制
2003 年 2 月 18 日	国土资源部	《关于清理各类园区用地加强土地供应调控的紧急通知》	土地供给结构
2003 年 7 月 30 日	国务院办公厅	《关于清理整顿各类开发区，加强建设土地用地管理通知》	土地供给结构

续表

时间	单位	文件名称	类别
2003年8月12日	国务院	《关于促进房地产市场持续健康发展的通知》	土地利用方式
2003年9月24日	国土资源部	《关于加强土地供应管理促进房地产市场持续健康发展的通知》	土地供给方式
2004年4月21日	国务院	《国务院关于做好省级以下国土资源管理体制改革有关问题的通知》	土地管理体制
2004年4月29日	国务院办公厅	《关于深入开展土地市场治理整顿严格土地管理的紧急通知》	土地管理体制
2004年10月21日	国务院	《关于深化改革严格土地管理的决定》	土地管理体制
2005年3月26日	国务院办公厅	《关于切实稳定住宅价格的通知》（旧“国八条”）	房地产业综合调控
2005年5月9日	国务院办公厅	《国务院办公厅关于转发建设部等部门关于做好稳定住宅价格工作意见的通知》（新“国八条”）	房地产业综合调控
2005年11月9日	国务院	《国务院关于发布实施促进产业结构调整暂行规定的决定》	土地管理体制
2006年5月24日	国务院办公厅	《转发建设部等部门关于调整住宅供应结构稳定住宅价格意见的通知》（“国六条”）	房地产业综合调控
2006年7月1日	建设部等	《招标拍卖挂牌出让国有土地使用权规范》《协议出让国有土地使用权规范》	土地管理体制
2006年7月13日	国务院办公厅	《国务院办公厅关于建立国家土地督察制度有关问题的通知》	土地管理体制
2006年8月31日	国务院	《关于加强土地调控有关问题的通知》	土地管理体制
2006年11月7日	财政部等	《关于调整新增建设用地土地有偿使用费政策问题的通知》	土地管理体制
2007年3月16日	人大	《物权法》	土地规制法律
2007年8月1日	国务院	《国务院关于解决城市低收入家庭住宅困难的若干意见》	土地监察制度
2007年9月28日	国土资源部	《招标拍卖挂牌出让国有建设用地使用权规定》	土地管理体制

续表

时间	单位	文件名称	类别
2007 年 12 月 30 日	国务院办公厅	《国务院办公厅关于严格执行有关农村集体建设用地法律和政策的通知》	土地监察制度
2008 年 1 月 3 日	国务院	《关于促进节约集约用地的通知》	土地利用方式
2008 年 1 月 10 日	国土资源部	《关于进一步改进和完善报国务院批准城市建设用地审查报批工作的通知》	土地管理体制
2008 年 2 月 8 日	国务院	《土地调查条例》	土地管理体制
2008 年 6 月 1 日	国土资源部等	《违反土地管理规定行为处分办法》	土地监管规制
2008 年 6 月 7 日	财政部等	《新增建设用地土地有偿使用费资金管理办法》	土地管理体制
2008 年 7 月 18 日	国土资源部等	《国有建设用地使用权出让合同》	土地管理体制
2008 年 7 月 22 日	国土资源部	《关于严格耕地占补平衡管理的紧急通知》	土地管理体制
2008 年 9 月 16 日	国土资源部	《关于建立健全土地执法监管长效机制的通知》	土地监管规制
2008 年 9 月 11 日	国土资源部	《关于开展 2008 年度土地变更调查工作的通知》	土地监管规制
2009 年 12 月 22 日	财政部等	《进一步加强土地出让收支管理的通知》	土地管理体制
2010 年 1 月 7 日	国务院办公厅	《促进房地产市场平稳健康发展的通知》	房地产业综合调控
2010 年 3 月 10 日	国土资源部	《关于加强房地产用地供应和监管有关问题的通知》	房地产业综合调控
2010 年 4 月 17 日	国务院	关于坚决遏制部分城市房价过快上涨的通知	房地产业综合调控
2010 年 9 月 29 日	国土资源部等	《关于进一步加强房地产用地和建设管理调控的通知》	房地产业综合调控
2010 年 12 月 27 日	国务院	《国务院关于严格规范城乡建设用地增减挂钩试点切实做好农村土地整治工作的通知》	土地利用方式
2011 年 1 月 21 日	国务院	《国有土地上房屋征收与补偿条例》	土地管理体制

续表

时间	单位	文件名称	类别
2011年1月26日	国务院	《国务院办公厅关于进一步做好房地产市场调控工作有关问题的通知》	房地产业综合调控
2011年2月5日	国土资源部	《国土资源部关于切实做好2011年城市住房用地管理和调控重点工作的通知》	土地管理体制
2011年2月26日	农业部	《农业部关于开展农村土地承包经营权登记试点工作的意见》	土地管理体制
2011年6月10日	住房和城乡建设部	《住房和城乡建设部关于进一步推进住房城乡建设系统依法行政的意见》	房地产业综合调控
2011年9月28日	国务院	《国务院办公厅关于保障性安居工程建设和管理的指导意见》	房地产业综合调控
2011年10月17日	国土资源部	《财政部、中国人民银行、国土资源部关于新增建设用地土地有偿使用费缴纳凭证有关问题的通知》	土地管理体制
2011年11月3日	国土资源部	《全国土地变更调查工作规则（试行）》	土地监管规制
2011年11月10日	国土资源部	《国土资源部、中央农村工作领导小组办公室、财政部、农业部关于农村集体土地确权登记发证的若干意见》	土地管理体制
2012年2月15日	国土资源部	《国土资源部关于做好2012年房地产用地管理和调控重点工作的通知》	土地管理体制
2012年3月16日	国土资源部	《国土资源部关于大力推进节约集约用地制度建设的意见》	土地管理体制
2012年6月1日	国土资源部	《闲置土地处置办法》	土地监管规制
2012年6月20日	住房和城乡建设部	《住房和城乡建设部关于鼓励民间资本参与保障性安居工程建设有关问题的通知》	房地产业综合调控
2012年7月19日	国土资源部	《国土资源部、住房和城乡建设部关于进一步严格房地产用地管理　巩固房地产调控成果的紧急通知》	土地监管规制

续表

时间	单位	文件名称	类别
2012 年 12 月 26 日	住房和城乡建设部	《财政部办公厅、住房和城乡建设部办公厅关于报送保障性安居工程有关情况的通知》	房地产业综合调控
2013 年 1 月 24 日	住房和城乡建设部	《住房和城乡建设部办公厅关于贯彻实施〈住房保障档案管理办法〉的意见》	土地管理体制
2013 年 2 月 26 日	国务院	《国务院办公厅关于继续做好房地产市场调控工作的通知》	房地产业综合调控
2013 年 9 月 23 日	住房和城乡建设部	《住房和城乡建设部关于进一步加强国有土地上房屋增收和补偿信息公开工作的通知》	土地监管规制
2013 年 10 月 8 日	国土资源部	《国土资源办公厅关于下放部分建设项目用地预审权限的通知》	土地管理体制
2013 年 11 月 22 日	国土资源部	《国土资源办公厅、住房和城乡办公厅关于坚决遏制违法建设、销售“小产权房”的紧急通知》	土地监管规制
2013 年 12 月 2 日	住房和城乡建设部	《住房和城乡建设部、财政部、国家发展改革委关于公共租赁住房和廉租住房并轨运行的通知》	房地产业综合调控
2013 年 12 月 31 日	财政部	《财政部办公厅、住房和城乡建设部办公厅关于报送城镇保障性安居工程有关情况的通知》	房地产业综合调控
2014 年 4 月 22 日	住房和城乡建设部	《住房和城乡建设部关于做好 2014 年住房保障工作的通知》	房地产业综合调控

参考文献

［1］Sunding David L.，Swoboda Aaron M. Hedonic Analysis with Locally Weighted Regression：An Application to the Shadow Cost of Housing Regulation in Southern California［J］. Regional Science & Urban Economics，2010，40（6）：550-573.

［2］Sridhar Kala. Impact of Land Use Regulations：Evidence from India's Cities，Urban Studies（Sage Publications，Ltd.），2010，47（7）：1541-1569.

［3］Hood Alexander. The Same NEPA Proposal or Connected NEPA Actions：Why the Bureau of Land Management's New Oil Shale Rules and Regulations Should be Set Aside［J］. Boston College Environmental Affairs Law Review，2010，37（1）：191-223.

［4］Feiock Richard C.，Tavares António F.，Lubell Mark. Policy Instrument Choices for Growth Management and Land Use Regulation［J］. Policy Studies Journal，2008，36（3）：461-480.

［5］Smith Michael D.，Giraud Deborah. Traditional Land-Use Planning Regulation and Agricultural Land Conservation：A Case Study from the USA［J］. Planning Practice & Research，2006，21（4）：407-421.

［6］Glaeser Edward L.，Ward Bryce A. The Causes and Consequences of Land Use Regulation：Evidence from Greater Boston［J］. Journal of Urban Economics，2009，65（3）：265-278.

［7］Dodrill，Christophers. A Historical Analysis of the New Deal's Effectt on Land Regulation in the U. S. Supreme Court［J］. Law & Contemporary Problems, 2009, 72 (1): 191-204.

[8] Cheshire Paul, Sheppard Stephen. Land Markets and Land Market Regulation: Progress towards Understanding [J]. Regional Science & Urban Econo-mics, 2004, 34 (6): 619-637.

[9] Trutnev Eduard K. , Valletta William, Yakoubov Mikhail O. Progress and Problems in Reforming Urban Land Use and Development Regulation in the Russian Federation [J]. Urban Studies (Routledge), 2004, 41 (7): 1269-1282.

[10] Schuetz Jenny. No Renters in My Suburban Backyard: Land Use Regulation and Rental Housing [J]. Journal of Policy Analysis & Management, 2009, 28 (2): 296-320.

[11] Fattash Isam, Reski Ralf, Frank Wolfgang, Hess Wolfgang R. Evidence for the Rapid Expansion of MicroRNA-Mediated Regulation in Early Land Plant Evolution [J]. BMC Plant Biology, 2007 (7): 13-19.

[12] Elefante Carl. Creating Sustainable Communities Using Land Use Regulation [J]. Real Estate Review, 2010, 39 (3): 53-59.

[13] Turnbull Geoffrey. The Investment Incentive Effects of Land Use Regulations [J]. Journal of Real Estate Finance & Economics, 2005, 31 (4): 357-395.

[14] Ihlanfeldt Keith R. The Effect of Land Use Regulation on Housing and Land Prices [J]. Journal of Urban Economics, 2007, 61 (3): 420-435.

[15] Henderson Steven R. Agricultural Adaptation to Real Regulation on the Urban Fringe: The Chicken Meat Industry's Response to Land-use Conflict in the Western Port Region of Victoria [J]. Australia, Australian Geographical Studies, 2003, 41 (2): 156-170.

[16] Wu Jun Jie, Cho Seong-Hoon. The Effect of Local Land Use Regulations on Urban Development in the Western United States [J]. Regional Science and Urban Economics, 2007, 37 (1): 69-86.

[17] Seong-Hoon Cho Dana Marie, Junjie Wu, Boggess William G. Measu-

ring Interactions among Urbanization, Land Use Regulations, and Public Finance [J]. American Journal of Agricultural Economics, 2003, 85 (4): 988.

[18] Peiser Richard B. Land Development Regulation: A Case Study of Dallas and Houston, Texas [J]. Journal of the American Real Estate & Urban Economics Association, 1981, 9 (4): 397-417.

[19] McDonald John F. , McMillen Daniel P. Costs and Benefits of Land Use Regulations: A Theoretical Survey [J]. Journal of Real Estate Literature, 2003, 11 (2): 157-175.

[20] Ihlanfeldt Keith R. Introduction: Exclusionary Land-use Regulations, Urban Studies (Routledge), 2004, 41 (2): 255-259.

[21] Posner, Natural Monopoly and Its Regulation [M]. Cato Institute, 1999.

[22] Goldman Ellis G. , Field, Charles G. Summary of an Article on Reforming Land-Use Regulations [J]. Journal of the American Real Estate & Urban Economics Association, 1983, 11 (2): 300-319.

[23] Dehaven-Smith Lance. Regulatory Theory and State Land-Use Regulation: Implications from Florida's Experience with Growth Management [J]. Public Administration Review, 1984, 44 (5): 413-420.

[24] Park Sangchul, Feiock Richard, Lee Se-Jin. Growth Management Priority and Land Use Regulation in Local Government; Regarding Full Structural Equation Modeling [M]. Southern Political Science Association, 2010: 1.

[25] Cleary Mark. Codifying the Land: Colonial Land Regulation in Early 20th-century British Borneo [M]. Landscape Research, 2002, 27 (1): 25-37.

[26] Kettlewell Ursula. Land Use Regulations as a Barrier to Business and Economic Development: Perceived vs. Actual [J]. Appraisal Journal, 1984, 52 (3): 399.

[27] Evenson Bengtel, Wheaton William C. Local Variation in Land Use Regulations [J]. Brookings-Wharton Papers on Urban Affairs, 2003 (4):

221-260.

[28] Hanushek Eric A. , Quigley John M. Commercial Land Use Regulation and Local Government Finance [J]. American Economic Review, 1990, 80 (2): 176.

[29] Joshi Kirti Kusum, Kono Tatsuhito. Optimization of Floor Area Ratio Regulation in a Growing City [J]. Regional Science & Urban Economics, 2009, 39 (4): 502-511.

[30] Feiock, Richard C. , Politics. Institutions and Local Land - use Regulation [J]. Urban Studies (Routledge), 2004, 41 (2): 363-375.

[31] Ihlanfeldt, Keith R. Exclusionary Land - use Regulations within Suburban Communities: A Review of the Evidence and Policy Prescriptions [J]. Urban Studies (Routledge), 2004, 41 (2): 261-283.

[32] Jonas Andrew E. G. Bridge Gavin, Governing Nature: The Regulation of Resources, Land-Use Planning, and Nature Conservation [J]. Social Science Quarterly (Blackwell Publishing Limited), 2003, 84 (4): 958-962.

[33] Kim Ho Yeon. The Effects of Regulations on Land Transactions: The Case of Korea [J]. Applied Economics Letters, 2001, 8 (8): 551-553.

[34] McKeon Thomas R. State Regulation of Subdivisions: Defining the Boundary between State and Local Land Use [J]. Boston College Environmental Affairs Law Review, 1991, 19 (2): 385.

[35] Pendall Rolf. Local Land Use Regulation and the Chain of Exclusion [J]. Journal of the American Planning Association, 2000, 66 (2): 125.

[36] Brueekner J. K. Growth Controls and Land Values in an Open City [M]. Land Economics, 1990.

[37] Quigley John M. , Raphael Steven. Regulation and the High Cost of Housing in California [J]. American Economic Review, 2005, 95 (2): 323-328.

[38] Pasha, Hafiz A. Comparative Statics Analysis of Urban Land Values in the Presence of Government Regulation [J]. Urban Studies (Routledge),

1995, 32 (9): 1505-1516.

[39] Gallent Nick, Howe Joe, Bell Philip. The Regulation of Land Reuse and Aviation on Airfields in Rural England and Wales [J]. Planning Practice & Research, 1999, 14 (4): 423-444.

[40] Healey Patsy. Development Plans: New Approaches to Making Frameworks for Land use Regulation [J]. European Planning Studies, 1994, 2 (1): 39.

[41] White S. Mark, Paster Elisa L. Creating Effective Land Use Regulations through Concurrency [J]. Natural Resources Journal, 2003, 43 (3): 753-779.

[42] Lloyd M. G., McCarthy J. The Scottish Parliament, Regulation and Land Use Planning [J]. European Planning Studies, 2000, 8 (2): 251.

[43] Potter Pitman B. China's New Land Development Regulations [J]. China Business Review, 1991, 18 (2): 12.

[44] Elizabeth Holmes. Commentary: Jurisdictions Experiment with Land-Use Regulations to Stimulate Economy [M]. Daily Journal of Commerce (Portland, OR), 2010.

[45] Siegan Bernard H. Land use Regulations Should Preserve Only Vital Pressing Governmental Interests [M]. CATO Journal, 1990, 10 (1): 127.

[46] Feitelson Eran. The Spatial Effects of Land Use Regulations [J]. Journal of the American Planning Association, 1993, 59 (4): 461.

[47] Evenson Bengte, Wheaton William C. Local Variation in Land Use Regulations [J]. Brookings-Wharton Papers on Urban Affairs, 2003 (4): 221-260.

[48] Beardsley Dan. Pay Attention to Land-use Regulations [J]. Wenatchee Business Journal, 2007, 21 (7): 7-10.

[49] Dowall David E. Benefits of Minimal Land-use Regulations in Developing Countries [J]. CATO Journal, 1992, 12 (2): 413.

[50] Jean Oi. The Role of the Local State in China's Transitional

Economy. China's Transitional Economy [M]. Oxford University Press, 1996.

[51] Andrew G. Walder. Local Governments as Industrial Firms: An Organization Analysis of China's Transitional Economy [J]. American Journal of Sociology, 1995, 101 (2): 263-301.

[52] Galke Warren, ClarkScott. National Evaluation of the U.S. Department of Housing and Urban Development Lead-Based Paint Hazard Control Grant Program: Study Methods [M]. Environmental Research, 2005: 315-328.

[53] Loh Wang, Urban. Land Policy and Housing in an Endogenously Growing Monocentric City [M]. Regional Science and Urban Economics, 1998.

[54] Eddie, Chi-man Hui, Vivian, Sze-mun Ho. Does the Planning System Affect Housing Prices? Theory and with Evidence from Hong Kong [M]. Hatitat International, 2003 (27): 339-359.

[55] Micael A. Crew, Paul R. Kleindorfer. The Economics of Public Utility Regulation [M]. The Macmilian Press, 1986.

[56] Nichols Joseph B., Oliner Stephen D., Mulhall, Michael R. Commercial and Residential Land Prices across the United States [M]. U.S. Federal Reserve Board's Finance & Economic Discussion Series, 2010.

[57] [法] 泰勒尔. 产业组织理论 [M]. 张维迎译. 北京：中国人民大学出版社，1998.

[58] [美] D. C. 穆勒. 公共选择理论 [M]. 杨春学等译. 北京：中国社会科学出版社，1999.

[59] [美] 阿兰·斯密德. 制度与行为经济学 [M]. 刘璨，吴水荣译. 北京：中国人民大学出版社，2004.

[60] [美] 道格拉斯·C. 诺斯. 经济史中的结构与变迁（中文版）[M]. 上海：上海三联书店，1992.

[61] [美] 道格拉斯·C. 诺斯. 制度、制度变迁与经济绩效 [M]. 杭行译. 北京：生活·读书·新知三联书店，1990.

[62] [美] 科斯，诺斯，威廉姆斯等. 制度、契约与组织——从新制度经济学角度的透视 [M]. 新制度经济学名著译丛. 北京：经济科学出版

社，2003.

［63］［美］罗伯特·C. 埃利克森等. 土地使用管理法：案例与资料［M］. 北京：中信出版社，2003.

［64］［美］斯蒂格勒. 产业组织与政府管理［M］. 潘振民译. 上海：上海人民出版社，1996.

［65］［美］威德默. 房地产投资（第5版）［M］. 张红译. 北京：中信出版社，2005.

［66］［美］威廉姆森. 交易成本经济学［M］. 李子杰译. 北京：人民出版社，2008.

［67］［美］伊利，莫尔豪斯. 土地经济学原理［M］. 藤维藻译. 北京：商务印书馆，1982.

［68］［法］拉丰. 激励理论的应用［M］. 北京：北京大学出版社，2001.

［69］［日］青木昌彦，奥野正宽. 经济体制的比较制度分析［M］. 魏加宁译. 北京：中国发展出版社，1999.

［70］［日］野口悠纪雄. 土地经济学［M］. 汪斌译. 北京：商务印书馆，1997.

［71］［英］奥格斯. 规制：法律形式与经济学理论［M］. 骆梅英译. 北京：中国人民大学出版社，2008.

［72］［英］布坎南. 寻求租金和寻求利润［M］. 张定淮等译. 北京：中国经济出版社，1993.

［73］［英］帕萨·达斯库帕塔，保罗·斯顿曼. 经济政策与技术绩效［M］. 徐颖译. 长春：长春出版社，2008.

［74］白涛. 房地产业的政府管制［D］. 暨南大学博士学位论文，2008.

［75］毕宝德. 土地经济学（第六版）［M］. 北京：中国人民大学出版社，2011.

［76］臧旭恒，徐向艺，杨惠馨. 产业经济学（第三版）［M］. 北京：经济科学出版社，2005.

［77］曹建海. 房地产企业家贡献了什么［J］. 资源与人居环境，2006（13）.

[78] 曹建海. 构建住宅的大保障体系研究 [J]. 现代城市研究，2009 (12).

[79] 曹建元. 房地产金融新编 [M]. 上海：上海财经大学出版社，2009.

[80] 曹振良. 房地产经济学通论 [M]. 北京：北京大学出版社，2003.

[81] 陈富良，万方红. 企业行为与政府规制 [M]. 北京：经济管理出版社，2001.

[82] 陈富良. 放松规制与强化规制：论转型中的政府规制改革 [M]. 上海：上海三联书店，2001.

[83] 陈富良. 规制政策分析——规制均衡的视角 [M]. 北京：中国社会科学出版社，2007.

[84] 陈信元，张田余. 资产重组的市场反应——1997 年沪市资产重组实证分析 [J]. 经济研究，1999 (9).

[85] 陈耀东. 房地产法 [M]. 上海：复旦大学出版社，2009.

[86] 陈章喜. 对我国住宅商品房整体空置率的分析与判断 [J]. 城市问题，2004 (3).

[87] 陈卓雷，彭兴庭. 房地产市场的政府管制及民生问题研究（社科文献论丛第 26 辑）[M]. 北京：线装书局，2010.

[88] 成新华. 供给结构的失衡及调整 [J]. 北方经济，1999 (12).

[89] 程启智. 中国：市场失灵与政府规制研究 [M]. 北京：中国财政出版社，2007.

[90] 程信和，刘国臻. 房地产法学（第二版）[M]. 北京：北京大学出版社，2010.

[91] 仇保兴，王俊豪. 市政公用事业监管体制与激励性监管政策研究 [M]. 北京：中国社会科学出版社，2009.

[92] 初建宇. 借鉴新加坡经验　加强我国经济适用房的社会保障作用 [J]. 河北理工大学学报（社会科学版），2007 (4).

[93] 崔云，程晓云，国晓丽. 土地资源与城市房地产研究 [M]. 北京：经济科学出版社，2009.

[94] 戴双兴. 土地财政与地方政府土地利用研究 [J]. 福建师范大学

学报（哲学社会科学版），2009（4）.

［95］戴卫平，顾海英. 竞标地价和协议地价：土地批租市场中的定价机制研究［J］. 西北农林科技大学学报（ 社会科学版），2005（5）.

［96］邓海潮. 创新是企业家的核心和本质职能［J］. 当代经济科学，1997（2）.

［97］邓宏乾. 中国城市主体财源问题研究——房地产税与城市土地地租［M］. 北京：商务印书馆，2008.

［98］邓长荣，马永开. 我国住宅价格多层面因素模型及其实证研究［J］. 系统工程理论与实践，2010（1）.

［99］董礼洁. 地方政府土地管理权［M］. 北京：法律出版社，2009.

［100］段宏毅，孙艳丽. 浅析公共财政与住宅保障的关系——以北京市为例［J］. 北京工业职业技术学院学报，2008（1）.

［101］段岩燕，曹振良. 调控房地产价格的关键——土地和金融［J］. 当代经济，2005（2）.

［102］房地产金融分析小组. 中国房地产金融报告 2008［M］. 北京：中国金融出版社，2009.

［103］甘藏春. 土地宏观调控创新理论与实践［M］. 北京：中国财政经济出版社，2009.

［104］高波. 现代房地产经济学导论［M］. 南京：南京大学出版社，2009.

［105］高骏. 土地整理工程监理手册［M］. 南京：东南大学出版社，2010.

［106］高祥. 日本房地产业化政策对我国房地产业化发展的启示［J］. 房地产业，2007（6）.

［107］高小平，王俊豪，张学栋. 政府职能转变与管理方式创新［M］. 北京：人民出版社，2010.

［108］谷荣，顾朝林. 城市化公共政策分析［J］. 城市规划，2006（9）.

［109］郭峰，任宏. 我国住宅商品房合理空置率确定的实证研究［J］. 贵州大学学报（自然科学版），2004（4）.

[110] 郭峰，任宏. 中国住宅商品房空置问题研究［J］. 华中科技大学学报（城市科学版），2004（4）.

[111] 郭玉坤，裘丽岚. 国外住宅保障制度的共同特征及发展趋势［J］. 城市问题，2007（8）.

[112] 何晓星. 再论中国地方政府主导型市场经济［J］. 中国工业经济，2005（1）.

[113] 胡进安. 土地政策参与宏观调控的途径和重点［J］. 国土资源通讯，2005（4-5）.

[114] 胡亦琴. 农村土地市场化进程中的政府规制研究［M］. 北京：经济管理出版社，2009.

[115] 淮建军，刘新梅，雷红梅. 我国房地产市场管制中四人联盟与对抗的博弈分析［J］. 系统工程，2007（12）.

[116] 黄海涛. 中国住宅价格水平与波动研究［D］. 辽宁大学博士学位论文，2008.

[117] 黄汉江. 全国房地产研究文献［M］. 上海：上海财经大学出版社，2010.

[118] 黄慧. 中国房地产业 SCP 范式及市场风险的研究［M］. 沈阳：东北大学出版社，2009.

[119] 黄凌翔，张换兆. 土地政策参与宏观调控机制的探索［J］. 天津城市建设学院学报，2009（2）.

[120] 黄凌翔. 土地政策宏观调控运行机制及工具创新研究［M］. 天津：南开大学出版社，2009.

[121] 黄晓宇，蒋妍. 土地市场与宏观经济关系的理论分析及实证检验［J］. 中国土地科学，2006（4）.

[122] 黄云鹏. 土地管理——宏观调控的政策选择［J］. 宏观经济管理，2005（4）.

[123] 贾海. 我国住宅商品房空置率计算方法及合理区间研究［J］. 城市开发，2004（8）.

[124] 焦怡雪，尹强. 关于保障性住宅建设比例问题的思考［J］. 城市

规划，2008（9）.

［125］金碚. 产业组织经济学［M］. 北京：经济管理出版社，2005.

［126］金碚. 竞争秩序与竞争政策［M］. 北京：社会科学文献出版社，2005.

［127］景玉琴. 论政府在市场规制中的作用［J］. 当代经济研究，2003（2）.

［128］李春海. 规制改革与竞争：自然垄断产业的治理［J］. 云南财贸学院学报，2003（3）.

［129］李稻葵，龚艳. 中国房地产将出现格局性的变化［J］. 沪港经济，2010（5）.

［130］李稻葵. 新一轮房改启动［J］. 卓越理财，2010（5）.

［131］李稻葵. 中国高房价的末路选择［J］. 祖国，2010（9）.

［132］李凤章. 香港地区土地高效利用的法律经验及其启示［J］. 国土资源导刊，2007（6）.

［133］李广杰，花小安，侯效敏. 地方政府投资行为、规制与经济增长——“转型期中国地方政府投资行为及其规制”研讨会综述［J］. 经济研究，2009（6）.

［134］李辉婕. 住宅保障的政府干预［J］. 城市问题，2009（5）.

［135］李健飞. 经济转轨时期中国房地产融资风险防范：理论与实证［M］. 北京：中国金融出版社，2006.

［136］李俊丽. 城市土地出让中的地方政府经济行为研究［D］. 西南财经大学博士学位论文，2008.

［137］李龙浩. 土地问题的制度分析［M］. 北京：地质出版社，2007.

［138］李雯. 西方规制理论及其演进［J］. 教学与研究，2002（7）.

［139］李晓琪，郑嘉裕. 论合理空置率的界定和测度［J］. 沿海企业与科技，2007（7）.

［140］李郁芳. 体制转轨时期的政府微观规制行为［M］. 北京：经济科学出版社，2003.

［141］李欲晓. 论规制的有效性［J］. 聊城大学学报（哲学社会科学

版)，2002（2）.

［142］李凤章. 香港土地高效利用的法律经验及启示［J］. 国土资源导刊，2007（6）.

［143］李孟刚，蒋志敏. 产业经济学理论发展综述［J］. 中国流通经济，2009（4）.

［144］梁小青. 日本房地产业发展的主要政策及措施［J］. 中国建设信息，2004（23）.

［145］梁学庆，杨凤海，刘卫东. 土地资源学［M］. 北京：科学出版社，2006.

［146］梁云芳，高铁梅. 我国商品住宅销售价格波动成因的实证分析［J］. 管理世界，2006（8）.

［147］廖进球，陈富良. 规制与竞争前沿问题［M］. 北京：中国社会科学出版社，2007.

［148］林峰. 土地征收与补偿：香港地区的经验［J］. 法学，2007（8）.

［149］林文洁，周燕珉. 日本公营住宅给中国廉租住宅的启示——以日本新潟市市营住宅为例［J］. 世界建筑，2008（2）.

［150］刘洪玉，张红. 房地产业与社会经济［M］. 北京：清华大学出版社，2006.

［151］刘洪玉，郑思齐. 城市与房地产经济学［M］. 北京：中国建筑工业出版社，2007.

［152］刘洪玉. 房地产开发［M］. 北京：首都经济贸易大学出版社，2006.

［153］刘洪玉. 房地产开发经营与管理［M］. 北京：中国建筑工业出版社，2009.

［154］刘兰海. 中国城市商品住宅特征价格形成机制研究［D］. 中国矿业大学博士学位论文，2009.

［155］刘乐山. 我国土地使用权流转机制的缺陷与完善［J］. 当代经济研究，2002（3）.

［156］刘琳，刘洪玉. 地价与房价关系的经济学分析［J］. 数量经济技术经济研究，2003（7）.

［157］刘琳琳. 试析委托—代理关系下房地产市场政策选择［J］. 经济与管理，2008（11）.

［158］刘美平. 城市土地制度的改革与优化［J］. 当代经济研究，2002（10）.

［159］刘宁. 房地产投资分析［M］. 大连：大连理工大学出版社，2009.

［160］刘胜华，刘家彬. 土地管理概论［M］. 武汉：武汉大学出版社，2005.

［161］刘卫东. 大城市郊区土地非农开发及其合理利用模式［J］. 城市规划，1999（4）.

［162］刘小兵. 政府管制的经济分析［M］. 上海：上海财经大学出版社，2004.

［163］刘薰词. 建国后城市土地使用制度的建立和历史评价［J］. 财经理论与实践，2000（4）.

［164］刘耀林，焦利民. 土地评价理论、方法与系统开发［M］. 北京：科学出版社，2008.

［165］刘艺容，李爱娟. 廉租房消费保障问题的研究综述［J］. 长沙大学学报，2008（6）.

［166］刘志峰. 促进房地产业可持续发展［J］. 城市开发，2005（2）.

［167］卢为民，于晓峰. 土地政策在房地产市场调控中的作用［J］. 城市问题，2010（2）.

［168］卢新海. 中国城市土地储备制度研究［M］. 北京：科学出版社，2008.

［169］路继业，杜两省. 经济学中实证研究、经验研究的联系与不同［J］. 当代财经，2009（6）.

［170］吕华. 房地产估价理论与实务［M］. 上海：同济大学出版社，1990.

［171］麻晓芳. 房地产估价［M］. 北京：科学出版社，2010.

［172］马克思，恩格斯. 马克思恩格斯全集（第26卷）［M］. 北京：

人民出版社，1972.

［173］孟星. 城市土地的政府管制研究［M］. 上海：复旦大学出版社，2005.

［174］倪鹏飞. 中国住宅发展报告［M］. 北京：社会科学文献出版社，2009.

［175］宁方勇. 规制经济学的理论综述［J］. 北方经济，2007（2）.

［176］牛刀. 解读《物权法》对中国房地产行业的影响［J］. 城乡建设，2007（4）.

［177］潘伟杰. 制度、制度变迁与政府规制研究［M］. 上海：上海三联书店，2005.

［178］潘新兴，陈宏平. 政府规制改革的经济学分析［J］. 经济问题，2003（4）.

［179］濮励杰，黄贤金，周寅康. 城市土地供应与房地产市场运行研究［M］. 北京：科学出版社，2008.

［180］乔榛. 中国地方政府规制改革研究［M］. 北京：经济科学出版社，2006.

［181］秦明周. 美国的土地利用与管制［M］. 北京：科学出版社，2004.

［182］芮明杰，詹文静，陈杰. 跨区域发展战略对房地产企业绩效的影响——基于房地产上市公司的实证研究［J］. 中国工业经济，2008（8）.

［183］芮明杰，詹文静. 土地出让制度改革对房地产上市公司的绩效影响［J］. 中国房地产，2008（4）.

［184］石成球. 关于我国城市土地利用问题的思考［J］. 城市规划，2000（2）.

［185］孙宁华. 经济转型时期中央政府与地方政府的经济博弈［J］. 管理世界，2001（3）.

［186］孙绍荣，宗利水，鲁虹. 理性行为与非理性行为［M］. 上海：上海财经大学出版社，2007.

［187］孙晓丽，乔晓辉. 房地产政策与法规［M］. 北京：化学工业出版社，2009.

［188］谭荣，曲福田. 市场与政府的边界：土地非农化治理结构的选择［J］. 管理世界，2009（12）.

［189］汤鸿，郭贯成. 房地产估价［M］. 南京：东南大学出版社，2010.

［190］唐在富. 中央政府与地方政府在土地调控中的博弈分析——诠释宏观调控中政府间关系协调的一种新尝试［J］. 当代财经，2007（8）.

［191］唐子来，寇永霞. 面向市场经济的城市土地资源配置——珠海实证研究［J］. 城市规划，2000（10）.

［192］陶爱萍，刘志迎. 国外政府规制理论研究综述［J］. 经济纵横，2003（6）.

［193］滕永健. 房地产基本制度［M］. 北京：中国建筑工业出版社，2010.

［194］田莉. 有偿使用制度下的土地增值与城市房展［M］. 北京：中国建筑工业出版社，2008.

［195］田灵江. 房地产业与房地产业化［M］. 北京：中国城市出版社，2010.

［196］田银华，曹休宁. 产业规制与产业政策理论［M］. 北京：经济管理出版社，2008.

［197］童悦仲. 中外房地产业对比［M］. 北京：中国建筑工业出版社，2005.

［198］万举. 转型中的土地产权冲突与融合［M］. 北京：经济科学出版社，2001.

［199］汪海粟. 资产评估［M］. 北京：高等教育出版社，2002.

［200］汪利娜. 房地产市场理性调整与政府扶持［J］. 经济学动态，2008（11）.

［201］汪利娜. 货币政策在房地产调控中的不确定性［J］. 财经科学，2008（5）.

［202］汪利娜. 加快保障性住宅建设要有新思路新举措［J］. 中国房地产，2009（6）.

［203］汪利娜. 美国金融危机：成因与思考［J］. 经济学动态，2009（3）.

［204］汪利娜. 中国城市土地产权制度研究［M］. 北京：社会科学文

献出版社，2006.

［205］汪利娜.中国城市土地公有制的优越性与相对性［J］.城乡建设，2004（3）.

［206］汪利娜.中国城市土地所有制变革［J］.房地产研究，2004（1）.

［207］王阿忠.中国住宅市场的价格博弈与政府规制研究［M］.北京：中国社会科学出版社，2007.

［208］王国军，刘水杏.房地产业对相关产业的带动效应研究［J］.经济研究，2004（8）.

［209］王家庭，张换兆.土地政策参与宏观调控的理论分析及政策含义［J］.山西财经大学学报，2008（9）.

［210］王俊豪，肖兴志，唐要家.中国垄断性产业管制机构的设立与运行机制［M］.北京：商务印书馆，2008.

［211］王俊豪.英国政府管制体制改革研究［M］.上海：上海三联书店，1998.

［212］王俊豪.政府管制经济学导论［M］.北京：商务印书馆，2001.

［213］王利明.论业主的建筑物区分所有权的概念［J］.当代法学，2006（5）.

［214］王千.房地产的虚拟性与宏观经济稳定［J］.中国工业经济，2006（12）.

［215］王仁涛.中国房地产金融制度创新研究［M］.上海：复旦大学出版社，2009.

［216］王万茂，韩桐魁.土地利用规划学［M］.北京：中国农业出版社，2010.

［217］王颖.廉租住宅保障的经济学分析［J］.安防科技，2006（1）.

［218］卫兴华.市场功能与政府功能组合论［M］.北京：经济科学出版社，1999.

［219］吴立范，罗党论.中国的住宅政策［M］.北京：经济科学出版社，2009.

[220] 吴庆玲. 房地产产权产籍管理 [M]. 北京：首都经济贸易大学出版社，2005.

[221] 夏大慰，史东辉. 政府规制、理论与中国的经验改革 [M]. 北京：经济科学出版社，2003.

[222] 肖教燎，贾仁安，毛燕玲. 土地调控政策、传导机制与理论命题 [J]. 江西社会科学，2010 (3).

[223] 肖兴志，齐鹰飞，郭晓丹. 中国垄断产业规制效果的实证研究 [M]. 北京：中国社会科学出版社，2010.

[224] 肖竹. 竞争政策与政府规制——关系、协调及竞争法的构建 [M]. 北京：中国法制出版社，2009.

[225] 谢伏瞻，Gregory K. Ingram. 土地制度与住房政策 [M]. 北京：中国大地出版社，2008.

[226] 谢自强. 政府干预理论与政府经济职能 [M]. 长沙：湖南大学出版社，2004.

[227] 徐红. 日本房地产业发展给我们的启示 [J]. 中国房地产，2002 (6).

[228] [英] 亚当·斯密. 国富论 (下卷) [M]. 北京：商务印书馆，1974.

[229] 杨波. 房地产业的城市政府管理研究 [D]. 东北财经大学博士学位论文，2006.

[230] 杨建荣，孙斌艺. 政策因素与中国房地产市场发展路径 [J]. 财经研究，2004 (4).

[231] 杨慎. 地产与国民经济 [M]. 北京：中国建筑工业出版社，2002.

[232] 杨其静. 合同与企业理论前沿综述 [J]. 经济研究，2002 (1).

[233] 姚玲珍. 中国公共住宅政策模式研究 [M]. 上海：上海财经大学出版社，2009.

[234] 姚先，国盛乐. 资源约束、需求约束，孰重孰轻 [J]. 浙江经济，2006 (5).

[235] 叶檀. 中国房地产战争 [M]. 太原：山西人民出版社，2009.

[236] 叶育新. 日本住宅业管理及其启示 [J]. 湖南大学学报（社会科学版），1999（2）.

[237] 易宪容. 2008 年房地产市场的基本走势与发展 [J]. 广东社会学院学报，2008（3）.

[238] 易宪容. 2009 年房地产市场的基本态势 [J]. 经济研究参考，2009（30）.

[239] 易宪容. 房地产新政的理论基础及政策效应分析 [J]. 江苏社会科学，2009（2）.

[240] 易宪容. 房价博弈 [M]. 北京：中国经济出版社，2008.

[241] 易宪容. 谁能拯救房地产市场 [J]. 上海经济，2008（8）.

[242] 于立，肖兴志. 规制理论发展综述 [J]. 财经问题研究，2001（1）.

[243] 于立. 产业组织与政府规制 [M]. 大连：东北财经大学出版社，2006.

[244] 于良春. 自然垄断与政府规制：基本理论与政策分析 [M]. 北京：经济科学出版社，2003.

[245] 余源鹏. 中国房地产市场调控新论 [M]. 上海：上海人民出版社，2009.

[246] 原玉廷，张改枝. 新中国土地制度建设 60 年回顾与思考 [M]. 北京：中国财政经济出版社，2010.

[247] 袁蕾. 中国公共住宅供应体系及其完善的框架思路 [J]. 城市问题，2006（2）.

[248] 袁志刚，樊潇彦. 房地产市场理性泡沫分析 [J]. 经济研究，2003（3）.

[249] 臧旭恒，林平. 现代产业经济学前沿问题研究 [M]. 北京：经济科学出版社，2006.

[250] 张春霖. 存在道德风险的委托代理关系：理论分析及其应用中的问题 [J]. 经济研究，1995（8）.

[251] 张东. 房地产投资导论 [M]. 北京：中国财政经济出版社，2009.

［252］张亘稼. 城市化率指标体系探讨［J］. 云南财贸学院学报（社会科学版），2007（1）.

［253］张红凤，杨慧. 西方国家政府规制变迁与中国政府规制改革［M］. 北京：经济科学出版社，2007.

［254］张红凤. 西方政府规制理论变迁的内在逻辑及其启示［J］. 教学与研究，2006（5）.

［255］张宏斌，贾生华. 香港政府的土地供应机制及其启示［J］. 中国房地产，2000（4）.

［256］张会恒. 政府规制理论国内研究述评［J］. 经济管理，2005（9）.

［257］张立彦. 中国政府土地收益制度研究［M］. 北京：中国财政经济出版社，2010.

［258］张丽娜. 我国政府规制理论研究综述［J］. 中国行政管理，2006（12）.

［259］张群. 家宅法的起源与发展——兼论宅基地制度的出路［J］. 北方法学，2008（1）.

［260］张卫国，黄森. 西方规制理论发展演进及其启示［J］. 重庆大学学报（社会科学版），2004（2）.

［261］张协奎，韦玮. 房地产宏观调控政策下地方政府的应对行为研究［J］. 广西民族大学学报（哲学社会科学版），2009（2）.

［262］张清津，宿淑玲. 宗教市场中政府管制的经济分析［J］. 东岳论丛，2010（3）.

［263］张跃松. 房地产项目管理［M］. 北京：中国人民大学出版社，2010.

［264］赵艳. 中国铁路运输业竞争的目标模式［J］. 首都经济贸易大学学报，2002（4）.

［265］郑娟尔. 土地供应模式和供应量影响房价的理论探索与实证研究［D］. 浙江大学博士学位论文，2008.

［266］周慧，许长新. 新规制经济学理论的发展［J］. 经济评论，2006

(2).

[267] 周建军. 游资冲击与房地产泡沫研究 [M]. 北京：中国社会科学出版社，2009.

[268] 周小亮. 市场失灵及其制度矫正的两种经济理论分析 [J]. 当代经济研究，2002 (2).

[269] 周学荣. 政府规制论 [M]. 武汉：湖北人民出版社，2010.

[270] 朱小梅，陈志俊. 政府采购的规制与激励机制 [J]. 数量经济技术经济研究，2001 (9).

[271] 祝平衡. 房地产估价理论与实务 [M]. 大连：东北财经大学出版社，2007.

[272] 叶卫平. 产业政策法治化再思考 [J]. 法商研究，2013 (3) .

[273] 宾雪花. 改革开放 30 年中国产业政策法研究述评 [J]. 河北法学，2010 (8).

[274] 石奇. 产业经济学 [M]. 北京：中国人民大学出版社，2011.

后 记

本书是在我博士论文的基础上重新修改完成的，从博士毕业至今已经有6年多了，这期间房地产行业发生了一系列变化，如出台公租房的建设分配政策、实施限购限贷政策、加大对土地利用的监管力度等，但这些规制政策的变化并没有影响到文中的结论，相反，恰恰是这些政策的变化佐证了文中的某些观点，这是值得庆幸的事。同时，对后来政府出台的若干规制政策，文中都重新进行了整理，在原文的基础上做了部分修改，增加了些许内容，更新了数据。

到高校工作转眼已经6年了，才将书稿整理撰写完成，一是因为自己感觉房地产业的发展还处于上升时期，想等新的规制政策出台后再动笔，可能写得比较全面一点，但随着中国房地产市场调控政策的进一步落实以及房地产供需结构发生的微妙变化，未来房地产价格、住宅供给结构等还存在很大的变数，加上城镇化的加快实施，农村居民中很多人也会到城镇生活等新观点和新问题随之出现，因此决定先将目前出现的问题整理出来出版，待未来新问题出现后再行研究。二是想到本书需要修改的地方还较多，特别是现在房地产业是各行各业都关注的行业，各种文献资料庞杂，新的观点和惊人之语常常出现在各类期刊上，人们对这些看法的来龙去脉也莫衷一是，需要追根溯源，把问题分析透彻才能有说服力，但深知自己能力有限，怕不能较好地将问题进行归类总结，并进行透彻分析，所以一拖再拖，直到本院的同事多次询问，并在他们的鼓励下，才有尽快出版此书的想法，直到今天才最终定稿，这是我出版的第一本书，总想尽善尽美，但往往事与愿违，希望能够得到读者和朋友们的批评指正。

同时，本书在编写过程中，得到了硕士研究生们的大力支持，他们花费了大量的时间收集数据，并就文章的某些观点和想法进行了讨论，得到了很多有价值的启发，此书能够出版也要向他们表示感谢！

本书稿的完成，意味着新的起点，我定会倍感珍惜过去良师益友的谆谆教导和无私帮助，常怀一颗感恩的心去做学问，坚持不懈地在本学科领域求索，在思想之路上前行！

作者

2017 年 8 月 14 日